AF189893

Danke an:

meine Familie für ihre Geduld, Amélie und Birgit für Motivation, konstruktive Kritik, hilfreiche Tipps und gnadenloses Lektorat!

Jörg Hüttmann

Erfolgreiche Online-PR

Wie Sie Pressemeldungen für das Web zielgruppengenau
schreiben und erfolgreich verbreiten

Bibliografische Information der Deutschen Nationalbibliothek:
Die Deutsche Nationalbibliothek verzeichnet alle Publikationen
in der Deutschen Nationabibliografie; detaillierte bibliografische
Daten sind im Internet über http://dnb.dnb.de abrufbar.

© 2018 Jörg Hüttmann

Herstellung und Verlag: BoD – Books on Demand, Norderstedt

ISBN: 9783748183464

Inhaltsverzeichnis

Vorwort

Als ich in meinem Bekanntenkreis und in den Netzwerken, in denen ich so unterwegs bin, verlauten ließ, dass ich ein Ratgeber-Buch zum Thema Online-PR schreiben werde, erntete ich mitunter erstaunte Gesichter. „Da hast Du Dir über Jahre wertvolles Know-how aufgebaut und gibst jetzt Deine Erfahrungen für ein paar EURO so einfach preis? Züchtest Du Dir nicht massiv Konkurrenz heran?"

Nein, tue ich nicht.

Erstens ist die Welt weit, bunt und groß genug für so einige Texter, PR-Referenten und Journalisten (alle m/w), die sich mit Online-PR ihre Brötchen verdienen möchten oder müssen. Ich wende mich ja auch an Verantwortliche in Unternehmen unterschiedlichster Größe, die ihre klassische Öffentlichkeitsarbeit hin und wieder mit den Möglichkeiten der Online-PR ergänzen und nicht unbedingt dafür extra einen PR-Texter engagieren wollen.

Zweitens ist es mir mittlerweile ein gewisses Anliegen, die Möglichkeiten und Restriktionen von Weböffentlichkeitsarbeit zu erläutern. Online-PR hat eben nur bedingt etwas mit klassischer Pressearbeit zu tun und spricht eine viel breitere Zielgruppe an. Falsche Erwartungen und enttäuschte Kunden bzw. Marketingverantwortliche sind auch für mein Geschäft nicht unbedingt förderlich.

Drittens ist es ja kein Exklusiv-Wissen, das ich mir angeeignet habe. Entsprechende Informationen und Know-how sind im

Internet jederzeit und überall verfügbar. Teilt man seine Kenntnisse, erhält man auch wertvolles Wissen im Gegenzug zurück. Meine Netzwerk-Erfahrungen gehen ganz klar in die Richtung, dass mit Hinter-dem-Berg-halten und argwöhnischem Besitzstandsdenken in der Zukunft kein kooperatives Geschäftsleben möglich ist. Vielleicht nicht direkt und im gleichen Moment, aber Geben führt über kurz oder lang eben immer – und erfreulicherweise – zum Nehmen.

Viertens haben Sie ja auch etwas für dieses Büchlein bezahlt. Eventuell kann ich ja irgendwann ausschließlich davon leben, wer weiß.

Nichtsdestotrotz oder sogar gerade deshalb:

Viel Spaß und Erfolg mit diesem Ratgeber!

Einleitung/Über mich

 Zum Texten und Schreiben bin ich eigentlich wie die Jungfrau zum Kinde gekommen – ursprünglich habe ich nämlich Grafik-/ Kommunikations-Design studiert. Während meiner ersten Jahre als Grafiker und Junior-Art-Director in einer renommierten Werbeagentur ergaben sich aber immer mehr Gelegenheiten, auch die textlichen Aufgaben mit zu übernehmen. Schließlich habe ich mit Unterstützung meiner damaligen Kreativdirektorin erfolgreich die Seiten gewechselt und dann weiter als Texter gearbeitet.

Diese Information schicke ich vorweg, da ich keine klassische Autoren-, Journalisten-, oder PR-Berater-Karriere hinter mir habe. Dies erwies sich meiner Meinung nach aber auch als Vorteil, da ich mir die Disziplin der Online-PR viel unvoreingenommener und offener erarbeiten konnte. Viele alteingesessene Pressereferenten, Journalisten oder PR-Profis, die branchentypische Lebensläufe vorweisen können, sehen Online-PR eher als zeitgenössisches, notwendiges und weniger anspruchsvolles Anhängsel der klassischen und hochprofitablen Öffentlichkeitsarbeit. Das ist sie aber definitiv nicht. Und trägt auch mittel- oder langfristig das Potential in sich, der traditionellen PR den Rang abzulaufen. Erfreulicherweise sehen nicht mehr nur junge Journalisten und PR-Berater das Internet inklusive der Sozialen Medien mittlerweile als den primären Nachrichten-Distributionskanal an. Die frühere Vormachtstellung der gedruckten oder linear gesendeten Medien löst sich immer mehr in Luft auf, schnelle Formate wie Instagram, Twitter, Pinterest oder Snapchat (ein kostenloser Messaging-Dienst, der die geteilten Meldungen nur wenige Sekunden sichtbar hält), werden in Zukunft wichtige Informationsaufgaben übernehmen. Online-PR kann hier direkt einklinken und viel flexibler auf neue Methoden oder Technologien reagieren.

Ich arbeite nun mittlerweile seit November 2013 als freier Texter und Online-PR-Experte und zähle Unternehmen unterschiedlichster Größe und aus verschiedensten Branchen zu meinen (Stamm)-Kunden. Meine Texte werden in den seltensten Fällen noch gedruckt, die meisten Wörter verrichten auf Webseiten oder im Rahmen von Online-PR- oder SEO-Maßnahmen langfristig und effektiv ihre Dienste.

Begriffsdefinition

Um die Besonderheiten, Anforderungen und Chancen erfolgreicher Online-PR verstehen und umsetzen zu können, ist eine Abgrenzung zur klassischen Öffentlichkeitsarbeit unbedingt notwendig. Daher müssen wir uns erstmal ein wenig mit den Grundlagen der beiden Disziplinen beschäftigen. Fangen wir mit der althergebrachten Pressearbeit an, die sich zumeist auf langjährige, intensive und vertrauensvolle Redaktionskontakte stützt:

Klassische PR

Pressereferenten in größeren Unternehmen und PR-Agenturen versorgen ausgewählte Medien mit regelmäßigen Informationen, veranstalten Pressekonferenzen und auch attraktive und nicht selten kostenintensive Incentives für angestellte und freie Journalisten. Der Umfang dieser Incentives hat sich in den letzten Jahren aber eher reduziert oder verlagert, da zu enge Kontakte zwischen unabhängigen Redaktionen und Konzernen/Unternehmen/Politikern im Laufe der Zeit und unter stetig wachsender Beobachtung von sogenannten Nichtregierungsorganisationen („NRO" bzw. aus dem Englischen „Non-governmental organization", „NGO", oft auch als „nichtstaatliche Organisation" bezeichnet) einen unangenehmen Beigeschmack bekamen und die Glaubwürdigkeit und Objektivität der Journalisten vehement untergraben haben.

PR-Profis arbeiten üblicherweise mit Presse-Verteilern, die man für teures Geld von spezialisierten Dienstleistern erwerben oder sich selbst mit viel Mühe und umfangreichen Recherchetätigkeiten erarbeiten kann. Diese Verteiler werden dann im Rahmen eines jährlichen Redaktionsplans automatisiert mit Pressemeldungen „bespielt". Ich besitze selbst seit mehreren Jahren aufgrund meiner redaktionellen Tätigkeit für ein deutschlandweit aktives Wirtschaftsportal einen Fachpresseausweis und erhalte täglich mehr oder weniger nützliche Pressemeldungen. Diese werden aber wie herkömmliche und immer weniger funktionierende Werbebotschaften nach dem Gießkannenprinzip über die Redaktionen und freie Journalisten ausgeschüttet. In der Regel überschätzen die PR-Verantwortlichen massiv die Attraktivität ihrer Pressemitteilungen für die Redaktionen, die täglich tausende PM (Pressemeldungen) erhalten. Passt eine Verlautbarung dann zufällig in den Redaktionsplan, meldet sich der verantwortliche Redakteur und erhält weitergehende Hintergrund-Infos, Bild- und Video-Material und bei Bedarf auch gerne einen exklusiven Interviewtermin.

Selten schaffen es eher unspektakuläre Meldungen in das Ziel-Medium, obwohl der drastische Kosten- und Zeitdruck in den Redaktionen mittlerweile dazu führt, dass auch bekannte und seriöse Medien manche PR-Texte fast 1:1 übernehmen, da schlicht und ergreifend Personal für eigene Recherchen und Themenfindung fehlt. Diese Erfahrung konnte ich persönlich bereits einige Male machen, selbst bei sehr renommierten Traditionszeitungen meiner hanseatischen Heimatstadt. Erfolgsversprechender sind daher gute und vertrauensvolle Kontakte zu den thematisch passenden und versierten Redakteuren, damit auch weniger sensationelle Meldungen den vielen Papierkörben auf dem Weg zur Veröffentlichung besser ausweichen können. Hierzu tragen auch die verschiedenen Incentives oder persönliche und/oder exklusive Informationen oder Angebote bei.

Erscheint dann die Meldung, bzw. der Artikel der Fachredaktion, der auf den zur Verfügung gestellten Informationen beruht, ist das Thema für weitere Medien weitestgehend verbrannt. Journalisten fühlen sich (verständlicherweise) in ihrer Berufsehre gekränkt, wenn Ihnen eine bereits anderweitig veröffentlichte Geschichte aufgetischt wird, umgekehrt nehmen es die Redaktionen (oder Redaktionsverbünde) einem auch übel, wenn Ihnen bei wichtigen Themen die Exklusivität verweigert wird.

Sobald „Ihr" Thema dann in einem tagesaktuellen Medium, in einem Special-Interest-Titel oder auch in der Online-Version veröffentlicht wird, bedeutet dies noch lange nicht, dass die Tonalität und die journalistische Bewertung dann auch in Ihrem Sinne sind. Es sind schon Fälle bekannt, wo die ursprüngliche Aussage komplett ins Gegenteil verdreht wurde und daraufhin ein enormer Image-Schaden für das initiierende Unternehmen entstand. Im Zeitalter der digitalen Shitstorms verkürzt sich die entsprechende Vorwarn- und Reaktionszeit auf wenige Stunden.

Andererseits muss man der klassischen Öffentlichkeitsarbeit auch zugutehalten, dass die Glaubwürdigkeit bekannter und auflagenstarker Medien sich immer noch sehr positiv auf Ihre Bekanntheit auswirken kann und bereits einige sensationelle Über-Nacht-Erfolge ausgelöst hat.

Vorausgesetzt natürlich, es klappt wirklich alles zur vollen Zufriedenheit.

Erfolgreiche Online-PR

Online-PR

Dahingegen beschreitet Online-PR ganz andere Pfade, um in die Wahrnehmung der Web-Öffentlichkeit zu gelangen und dort auch längerfristig zu verweilen.

Online-PR richtet sich nicht primär an Redaktionen oder Journalisten, auch wenn dieser Eindruck durch einige Portale erzeugt und gefördert wird. Die Hauptzielgruppe sind private oder gewerbliche Interessenten, in seltenen Fällen interessiert sich auch das eine oder andere Offline- oder Online-Medium für die von Ihnen oder einem beauftragten Pressetexter formulierten Informationen. Dann haben Sie nicht nur Glück gehabt, sondern durch die richtige Formulierung Ihrer Meldung und den tatsächlichen Mehrwert für eine größere Leserschaft die Aufmerksamkeit von Journalisten geweckt. Wie sie dann weiter vorgehen sollten, erfahren Sie in einem der folgenden Artikel.

Grundsätzlich ist Online-PR ein sehr gutes Beispiel für die Demokratisierung der Publikationsmöglichkeiten aufgrund der zur Verfügung stehenden digitalen Kanäle. War es bis vor gar nicht allzu langer Zeit nur einer sehr eingeschränkten und üblicherweise sehr einflussreichen und/oder gut betuchten Personengruppe möglich, über On- oder Offline-Medien ihre Botschaften aufmerksamkeitsstark an die Öffentlichkeit zu bringen, stehen heutzutage prinzipiell jedem Internet-Nutzer eine Vielzahl von Optionen offen. Diese Entwicklung liegt voll im Trend. Mittlerweile können Sie über das Web Ihre eigenen T-Shirts , Kaffeebecher, Sweatshirts, Kuscheltiere oder ganze Bücher in der Mindestauflage 1 drucken oder bedrucken lassen. Wenn Sie also als Selbstständiger, Freiberufler, Kleinunternehmer, Mittelständler oder Verein etwas zu sagen haben, können

Sie dieses Anliegen nun ohne einen aufwendigen und teuren PR-Apparat endlich selbst in die Hand nehmen. Der große Vorteil von Online-PR gegenüber Öffentlichkeitsarbeit für Print-Medien besteht darin, dass in der Regel Ihre Meldung auch noch nach Jahren auf zahlreichen Portalen online auffindbar bleibt und Tag für Tag immer noch neue Leser findet. Einige meiner ersten Pressemeldungen von 2013 sind immer noch im Internet sichtbar und generieren kontinuierlich weitere wertvolle Leser-Kontakte. Dahingegen verdienen Printmedien mit der Exklusivität ihrer Informationen weiterhin ihr tägliches Brot und stellen natürlich nicht alle Meldungen und Artikel kostenlos ins Netz. Premium-User zahlen bares Geld, um längere und handwerklich überzeugende Artikel lesen zu dürfen. Im Zuge der sehr kontroversen Diskussionen um Vor- und Nachteile des Leistungsschutzgesetzes drohte die größte Suchmaschine den Verlagen, die Artikel nicht mehr zu indizieren, was eine faktische Nichtexistenz der Beiträge im Web nach sich ziehen würde. Einige unabhängige Medienschaffende haben sich diesem Dilemma schließlich erfolgreich entzogen und finanzieren sich fast vollständig über Crowdfunding (Gruppen- bzw. Schwarmfinanzierung eines Projekts über ein Internet-Portal – viele Anleger investieren kleinere Summen und erhalten dafür entweder Anteile, Mitgliedschaften und/oder spezielle Vergünstigungen). Mittlerweile hat sich diese Diskussion wesentlich abgekühlt und findet, trotz des nicht zufriedenstellenden Status Quo, kaum noch öffentliche Aufmerksamkeit.

Online-PR unterliegt trotz seiner unausgesprochenen Zielgruppe jenseits der „normalen" Redaktionen aber weiterhin den Format- und Stilvorgaben der klassischen Pressemeldungen. Diese stellen nichtsdestotrotz kein Hexenwerk dar und können mit ein wenig Übung schnell beherrscht werden. Auch für diese Thematik finden Sie in den folgenden Kapiteln direkte und praxisbezogene Hilfestellungen, Tipps und übersichtliche Check-Listen.

Ziele einer Online-Pressemeldung

Natürlich gehört die Verbreitung Ihrer Unternehmens-Meldungen an eine möglichst große – und trotzdem bereits einigermaßen vorqualifizierte – Zielgruppe zu den Hauptzielen der Online-PR. Diese Herausforderung entspricht im Prinzip der Aufgabe eines klassischen Fachbeitrags in einem auflagenstarken Special-Interest-Magazin. Leider ergänzen sich eine hohe Auflage und ein Fachpublikum im herkömmlichen Printgeschäft aber immer weniger, da sich die Leserschaft in ihrer Interessenvielfalt stetig weiter auffächert und immer seltener die kritische Masse erreicht, die für einen kostendeckenden Betrieb eines Zeitschriftenverlags vonnöten ist. Im Web erreichen Sie hingegen relativ einfach die für einen Erfolg ausschlaggebende kritische Masse interessierter Leser und Konsumenten. Hier helfen Ihnen – verständlicherweise nicht ganz uneigennützig, aber trotzdem sehr effektiv – die großen Suchmaschinen.

Kurzfristig

Mit einer interessanten und nach den formalen Vorgaben formulierten Online-PR-Meldung können Sie innerhalb kürzester Zeit bei Ihrer Primär-Zielgruppe echte und anhaltende Aufmerksamkeit erzeugen. Flankiert von gezielten Aktionen und

Cross-Over-Effekten in den Sozialen Medien gewinnen Sie schneller– und vergleichsweise kosteneffizient – Teilnehmer für Veranstaltungen, reagieren Sie effektiv und schlagfertig auf Guerilla-Marketing-Maßnahmen Ihrer Mitbewerber oder promoten neue Produkte oder Dienstleistungen auch ohne großen Werbe-Etat. Weiterhin dienen regelmäßige Online-PR-Tätigkeiten auch und gerade der Generierung von wertvollen Backlinks für Ihre Internet-Präsenz. Förderlich ist auch, wenn Sie bereits über eigene Verteiler in Form von „Followern" oder „Friends" in den bekannten Sozialen Medien wie Facebook, Twitter, Instagram, Pinterest, XING und mit Einschränkungen auch LinkedIn verfügen. Eine sorgfältig formulierte und eventuell auch mit ansprechenden Fotos oder Videos unterlegte Online-PR-Meldung auf einem bekannten Online-PR-Portal stellt ein hervorragendes Ziel für Postings dar, die von Ihrem Kontakt-Netzwerk (Ihren Friends, Followern, etc.) dann auch oft und gerne geteilt wird. Angesichts der immer kürzer werdenden Aufmerksamkeitsspanne der Menschen (die sich wohl auch durch den digitalen Medienkonsum immer weiter reduziert) kann in diesem Zusammenhang mit konsolidierten, flexiblen und schnellen Aktionen innerhalb kürzester Zeit eine erstaunlich große Öffentlichkeit erreicht werden, die sich andererseits dann aber auch wieder schnell anderen „Sensationen" oder Ablenkungen zuwendet. Aber keine Sorge, Sie profitieren ja auch noch von der langfristigen Wirkung:

Langfristig

Der meines Erachtens wichtigste Vorteil sowohl gegenüber der „klassischen" Print-PR als auch den Postings, Shares und

Re-Tweets in den Sozialen Medien besteht darin, dass die Zeitung mit Ihrer Meldung nicht am nächsten Tag als Unterlage in den Vogelkäfig geschoben oder direkt in die Altpapiertonne geworfen wird, sondern dauerhaft im Internet bleibt. „Das Web vergisst nichts!" gilt einerseits als Warnung an Kinder und Jugendliche, nicht zu offenherzig zu posten und zu sharen. Andererseits stellt diese unbestreitbare Tatsache das besondere Alleinstellungsmerkmal, die USP (Unique Selling Proposition) der Online-PR dar.

Dabei ist die Meldung nicht von der Flüchtigkeit der „Timeline" (der chronologischen Auflistung aller Meldungen, die auf Basis eines komplizierten Algorithmus dem Benutzer überhaupt angezeigt werden) eines Sozialen Mediums abhängig, sondern verweilt auf einem festen Platz in der Meldungs-Liste und in den Kategorie-Übersichten eines Online-PR-Portals, das üblicherweise über ein vergleichsweise gutes Ranking verfügt. Diese Portale werden regelmäßig von Google gescannt, die Meldungen fließen nicht selten auch direkt ein in die News-Leiste der Suchmaschine aus Mountain View, California.

Die akzeptierten und mit „Do follow"-Tags versehenen Backlinks der Portale führen zu Ihrer Web-Präsenz und verbessern das Google-Ranking Ihrer Seite. Rückverweise gehören – trotz anderslautender Aussagen mancher SEOs – immer noch zu den besonders einflussreichen Kriterien für die Positionierung eines Suchergebnisses. Wichtig ist nur, dass es sich um „gute" Backlinks handelt, die nicht aus Käufen oder einem Ringtausch stammen. Dies findet Google mittlerweile relativ schnell heraus und straft die involvierten Webseiten entsprechend – und meiner Meinung nach auch durchaus verdient – ab. Online-PR-Portale verfügen hier normalerweise über ein sehr gutes Standing, unabhängig davon sollte die Meldung aber auch nicht mit Links geflutet werden. Die Redaktionen der Online-PR-Portale behalten sich normalerweise eine qualitative Prüfung der Meldung vor und reagieren verständlicherweise sehr verschnupft auf reine Link-Wüsten oder sinnlos zusammengestellte Text-Schnipsel, die ausschließlich durch mehr oder weniger passende Links in eine thematische Klammer gebracht wurden.

Einen Einwand möchte ich noch entkräften: Üblicherweise raten SEO- und Content-Marketing-Experten dazu, die mühevoll erstellten Inhalte hauptsächlich auf der eigenen Webseite zu hosten und zu halten, um Renommee aufzubauen und sich nicht in die Abhängigkeit von geschlossenen Systemen zu begeben, die im Zweifel dann auch noch über die Verwertungsrechte verfügen könnten. Diesem Rat möchte ich mich zwar anschließen – Online-PR-Meldungen gehören zwar auch zu den spezifischen und zweifellos wertvollen Inhalten, mit denen Sie Ihre Online-Reputation aufbauen und verbessern können. Andererseits dienen sie einem anderen Zweck und verfehlen ihre Wirkung, wenn sie auf einer internen Presse-Seite „versauern". Binden Sie gerne PDFs der Meldung und die Feindaten der benutzten Fotos in Ihren „News"-Bereich ein, aber lassen Sie die Online-Pressemitteilungen in die weite Welt ziehen und sich dauerhaft für Ihre Bekanntheit ins Zeug legen.

Themenfindung

Aus zahlreichen Gesprächen mit Unternehmerinnen und Unternehmern zum Thema Online-PR-Maßnahmen habe ich folgende Aussage mitgenommen: „Wir haben aktuell einen echten Anlass, eine Pressemitteilung zu veröffentlichen. Aber woher nehmen wir denn die ganzen weiteren Themen, wenn wir einen monatlichen Redaktionsplan aufstellen sollen?" Das ist tatsächlich eine gute Frage, denn Nichtigkeiten und Nebensächlichkeiten ständig als „Breaking News" in die Öffentlichkeit zu schießen, ruiniert Ihr Ansehen relativ schnell, vormals interessierte Noch-nicht-Kunden reagieren dann genervt und wenden sich schließlich ziemlich desillusioniert Ihren Mitbewerbern zu.

Andererseits stellen aber auch viele sehr innovative und erfolgreiche Unternehmen oder Selbstständige ihr Licht regelmäßig unter den Scheffel und sehen in potentiellen Sensationsmeldungen lediglich eine Selbstverständlichkeit im Rahmen ihres Tagesgeschäfts. Dieser Effekt wird durch den fachspezifischen Tunnelblick gefördert, dem über kurz oder lang viele Experten und „Hidden Champions" ihrer Branche erliegen. Aber lassen Sie sich nicht verunsichern: Nur weil sie sich selbst täglich mit Ihren Themen beschäftigen, reduziert sich nicht die Aufmerksamkeit Ihrer avisierten Zielgruppe. Dieser gefühlten kommunikativen Abnutzungserscheinung unterliegen auch und gerade Mitarbeiter von Werbeagenturen und Marketingverantwortliche in Unternehmen, die sich jeden Tag sehr intensiv mit ihren sorgfältig konzipierten Kreationen beschäftigen und die resultierenden Maßnahmen nicht selten vor dem Erreichen der nötigen Penetrationsdauer wieder vom Markt nehmen. In der

Online-Kommunikationsbranche hat sich die Faustregel manifestiert, dass es mindestens sieben (7) Kontaktmöglichkeiten erfordert, bevor ein potentieller Privat- (B2C - Business-to-Consumer) oder Gewerbe-Kunde (B2B – Business-to-Business) überhaupt aktiv Kontakt mit Ihnen aufnimmt.

Weiterhin gilt es zu berücksichtigen, dass Online-PR eben anderen Zwecken folgt als die klassische PR. Insofern muss man sich auch anderer Inspirationsquellen bedienen, die ebenfalls die Grundlage einer erfolgreichen Content- und/oder Corporate-Blog-Strategie darstellen. Speisen sich übliche Pressemeldungen eher aus Umstrukturierungen/Umfirmierungen, Produkt- oder Dienstleistungs-Neuheiten oder personellen Veränderungen in Führungspositionen, geht es bei Online-PR und -Content mehr um Branchen-Trends, vielversprechende und lukrative Keywords sowie klar erkennbare Vorteile für die avisierte Zielgruppe.

Tipps

Aus diesen Gründen darf ich Ihnen ein paar Tipps und Anregungen geben und auch auf ein paar interessante Tools aus dem Netz hinweisen:

Keyword-orientierter Redaktionsplan

Bedienen Sie sich praktischerweise einfach derselben Suchbegriffe, die Sie auch für Ihre Webseiten recherchiert haben. Der Keyword-Planer von Google ist ein regelmäßig unterschätztes Tool, um sich einen aktuellen und praxisorientierten Überblick der für Sie und Ihr Business relevanten Keywords zu verschaffen. Sehr hilfreich stellt sich auch die automatisierte Ausfüllfunktion von Google dar (Google Suggest), die Ihre eingetippten Suchwörter anhand der aktuellen Trends direkt zu besonders häufig angefragten Keywords ergänzt. Diese Funktionalität liefert oft sehr vielversprechende Keyword-Vorschläge bei einem vergleichbar geringen Aufwand.

Können Pressemeldungen für Printmedien diese Suchbegriffe problemlos außenvorlassen, stellen sie für Ihre Online-PR-Arbeit sehr wichtige und erfolgversprechende „Leitplanken" dar. Neben der Nutzung der Analyse-Werkzeuge von Google und Drittanbietern sollten Sie sich aber auch regelmäßig einfach mal selbst auf die Google-Reise begeben: Suchen Sie nach Begriffen, die Ihnen relevant erscheinen oder die Sie von Mitarbeitern, Kunden, Lieferanten oder SEO-Dienstleistern erfahren haben. Nutzen Sie aber auch intensiv die aufgeführte Suchbegriff-Ergänzungsfunktion der Google-Suche, die Ihnen „im Vorbeigehen" auch interessante Keyword-Kombinationen (sogenannte Longtail-Keywords) oder mittlerweile auch komplette Fragen vorschlägt. Stoßen Sie dann auf entsprechende und relevante Meldungen Ihrer Wettbewerber in den Online-PR-Portalen, sind Sie schon auf der richtigen Fährte. Um Ihre Online-PR-Strategie vollständig auf die branchenrelevanten Keywords auszurichten, definieren Sie zuerst das Haupt-Keyword für jede Meldung. Mehr sollten Sie auf keinen Fall zuordnen, da sich die einzelnen News sonst gegenseitig kannibalisieren und die Zielausrichtung verwässern könnten. Dieses Keyword sollte dann in den einzelnen Abschnitten (die ich im nächsten Kapitel eingehend vorstellen werde) in folgender Häufigkeit eingebaut werden:

- **Überschrift/Headline:** 1x
- **Unterzeile/Subheadline:** 1x (optional)
- **Einleitungstext/Lead:** 1x
- **Meldung/Body:** 3x, gleichmäßig verteilt
- **Zwischenüberschriften:** jeweils 1x
- **Bildbeschreibung:** 1x
- **Bildname:** 1x
- **Alt-Tag für Bild:** 1x

Weiterhin erlauben die meisten Online-PR-Portale, zwischen 5 und 10 spezifische Keywords zu hinterlegen. Der Meta-Tag für die zusätzlichen Keywords eines Inhaltes wird zwar von Google angeblich nicht mehr als relevant berücksichtigt, auf den Meldungsseiten erscheinen diese Begriffe aber noch zusätzlich zu den bereits im Text verwendeten Keywords. Daher können Sie die entsprechenden Formular-Felder weiterhin ohne Bedenken ausfüllen.

Für die Verwendung von Keywords gilt generell: Sie sollten schon ein paar Mal vorkommen, aber nicht so oft, dass der Text insgesamt seine Lesbarkeit verliert. In der Vergangenheit wurden Prozentzahlen von 1-3% als sinnvoll angesehen. Eine zu hohe Keyword-Dichte erkannte Google recht schnell als plumpes „Keyword-Stuffing" und wertete den Text bzw. die gesamte Webseite entsprechend ab. Schreiben Sie also weiterhin vornehmlich für Menschen, nicht für Maschinen. Denn die Maschine Google wird stetig und konsequent auf die Bedürfnisse echter Menschen hin optimiert, auch wenn rein technisch orientierte SEOs dies immer noch nicht wahrhaben wollen. Mehr zum angemessenen und zielgerichteten Umgang mit Keywords erfahren Sie auch im Kapitel „Tools" unter dem Punkt „WDF*IDF-Tool".

Zielgruppen-orientierter Redaktionsplan

Natürlich richtet sich auch der eben beschriebene Redaktionsplan an den Wünschen und Themen der Zielgruppe aus – über
das Vehikel der Suchbegriffe. Beschäftigen Sie sich aber mit einer sehr überschaubaren und klar definierbaren Kundengrup-
pe, können Sie die Themen Ihrer zukünftigen Online-PR-Meldungen auch direkt durch den kontinuierlichen Austausch mit
Interessenten und Käufern generieren. Wenn Sie nicht selbst
für den Vertrieb verantwortlich sind, fragen Sie einfach Ihre
Vertriebler, Lieferanten und Kunden nach den Wünschen und
Schmerzen, die die Branche und die Zielgruppe aktuell und
wohl auch in Zukunft bewegen. Weiterhin können Sie Ihren
Produkten zusätzliche Feedback-Möglichkeiten beilegen und
diese mit Vergünstigungen oder Rabatten koppeln, um Themen zu finden. Etliche kostenlose Online-Tools erlauben sehr
komfortable und einfache Umfragen zu den verschiedensten
Bereichen. Belohnen Sie Ihre Kunden für die zur Verfügung
gestellten Informationen, denn Sie können diese wertvollen
Erkenntnisse nicht nur für reine Online-PR-Maßnahmen einsetzen!

Veranstaltungs-orientierter Redaktionsplan

Wenn Sie auf zahlreichen Messen vertreten sind, eigene Road-
shows, Inhouse-Messen oder regelmäßige Seminare oder
Workshops veranstalten, können Sie die Planung der Events
bereits 1:1 in Ihren Redaktionsplan übernehmen. Viele Unternehmen, die sämtliche Termine anfangs vorbildlich im Rahmen von Online-PR-Meldungen kommuniziert haben, verfal-

len nach einiger Zeit leider gerne dem Trugschluss, dass nun langsam ja alle Bescheid wissen sollten und kommende Events nicht mehr noch zusätzlich über Online-PR-Portale veröffentlicht werden müssen. Diese Vernachlässigung führt aber über kurz oder lang zu dramatisch sinkenden Teilnehmerzahlen, da einfach niemand mehr etwas von Ihren Events mitbekommt. Widerstehen Sie auch der Versuchung, Ihre Events jedes Jahr umzubenennen. Ich habe persönlich miterleben müssen, wie eine vielversprechende Wirtschaftsmesse in Norddeutschland durch eine – ziemlich kryptische und zielgruppen-irrelevante – Umbenennung sang- und klanglos im Nirwana verschwand. Ich darf mich wiederholen, da diese Erkenntnis so existentiell wichtig ist: Gehen Sie immer vom (potentiellen) Kunden aus, der nicht nur einen einzigen Anlass, sondern zahlreiche Impulse (mindestens sieben) auf unterschiedlichen Kanälen benötigt, bis er Sie auch nur ansatzweise wahrgenommen hat. Kommunizieren Sie also unbedingt alle Veranstaltungen, Seminare, Messe-Teilnahmen oder andere Gelegenheiten, mit Ihrer Zielgruppe in direkten Kontakt zu kommen.

Web-Tools

Neben dem bereits erwähnten „Google AdWords Keyword Planer" (Sie benötigen allerdings ein eigenes Google Ad-Words-Konto, das mit geringem Aufwand erstellt wird und kostenfrei erhältlich ist) können Sie sich über die aktuellen Trends in Ihrer Branche über „Google Trends" informieren. Geben Sie einfach den gewünschten Suchbegriff ein und Sie erhalten eine chronologische Darstellung des Suchaufkommens sowie zusätzliche Informationen und verwandte Keywords. Diese Keyword-Datenbank überflutet Sie förmlich mit Vorschlägen und Alternativen zu bestimmten Keywords. Gerade für Produkte und Dienstleistungen, deren Nachfrage deutlichen saisonalen Schwankungen unterliegt, drängt sich diese Vorgehensweise zwingend auf.

Um Ihren Redaktionsplan zu erstellen, können Sie natürlich auf Excel, den guten alten Tabellen-Arbeitsgaul von Microsoft setzen. Intuitiver und kooperativer läuft es aber mit Trello, einem in der Grundversion dauerhaft kostenlosen Werkzeug zur Organisation von Aufgaben und eigentlich allem, was über die Komplexität von „1,2,3" hinausgeht.

Spezielle Tools für die Erstellung und Optimierung von Online-PR-Meldungen finden Sie in einem der folgenden Kapitel.

Aufbau einer Online-Pressemeldung

Die Struktur einer Online-PR-Meldung orientiert sich immer noch sehr an den Vorgaben, die bereits seit etlichen Jahren – oder sogar Jahrzehnten – für klassische Pressemitteilungen gelten und nur minimal den digitalen Rahmenbedingungen angepasst wurden. Diese Strukturierung wird auch immer noch von den Online-PR-Portalen erwartet, abweichende Meldungen gerne direkt abgewiesen oder umgehend gelöscht. Ursprünglich sollte diese Struktur es den zuständigen Redakteuren ermöglichen, sich schnell einen Überblick zu verschaffen und bei Interesse sofort die relevanten Informationen zu finden. Für weitere Fragen oder eine Interview-Anfrage wird auch immer die zuständige Person mit einer direkten Durchwahl und E-Mail-Adresse vermerkt. Für Online-PR-Meldungen haben die Portale dieses Format praktischerweise 1:1 übernommen, tatsächlich finden sich auch die Endkunden oder andere avisierte Zielgruppen mit dieser Informationsaufbereitung sehr gut zurecht. Bis sich also eines schönen Tages ein anderes Format etabliert hat, spricht nichts dagegen, sich an die folgende Struktur zu halten:

Headline

Die Headline/Überschrift hat die Aufgabe, in geballter Form möglichst viele Informationen zu transportieren. Diesen Spagat schafft man, indem man sich konsequent auf den Nutzen und die wirklich wichtigen Infos konzentriert. Kryptische Wortspiele, die in der „kreativen" Werbung vielleicht für Interesse sorgen, sind in einer Online-PR-Headline völlig fehl am Platze. Die Länge der Headline sollte nicht mehr als 100 Zeichen umfassen, einige Portale begrenzen die Länge auch auf 60 Zeichen. Daher rate ich dazu, neben der „normalen" Headline auch noch eine gekürzte Spezialversion für diese Anforderungen zu erstellen. In der Headline sollte möglichst das veröffentlichende Unternehmen vorkommen – in der kürzesten Schreibweise, soweit erlaubt. Als hilfreich haben sich auch für diesen Bereich die Verwendung der sogenannten W-Wörter/W-Fragen erwiesen. Diese funktionieren hervorragend für eine Unfallmeldung ...

- **Wo ist es passiert?**
- **Was ist passiert?**
- **Wie viele Personen wurden verletzt?**
- **Welche Verletzungen haben diese Personen?**
- **Warten auf Rückfragen**

... und auch für die Erstellung eines journalistischen Berichts/ einer Online-PR-Meldung:

- **Was ist passiert?**
- **Wem ist es passiert/Wer ist beteiligt?**
- **Wo passierte es?**
- **Wann passierte es?**
- **Wie ist es passiert?**
- **Warum ist es passiert?**
- **Zusätzlich: Welche Quellen gibt es?**

Je umfassender dieser Fragen bereits in der Headline beantwortet wurden, desto größer ist der Informationsgehalt. Das

Haupt-Keyword findet seinen verdienten Platz ebenfalls in der Headline, wenn möglich: direkt am Anfang. Nun richten sich Online-PR-Meldungen aber auch an Endkunden, daher kann man dann auch ein klein wenig in die Spannungs-Kiste greifen, aber bitte nicht zu tief. Beispiel einer guten, da informativen und kurzen Headline: „Erfolgreiche Online-PR – neuer Praxis-Ratgeber als Buch und eBook erhältlich". Schlechtes Beispiel: „Jetzt kaufen: Ihr neuer Do-It-Yourself-Ratgeber zum Thema Online-PR ist ab sofort als Taschenbuch und eBook im Handel verfügbar" – diese Schlagzeile würde von den meisten Portalen nicht akzeptiert werden, da sie 1. klar wertend, 2. verwirrend („Do-It-Yourself" wird in diesem Kontext üblicherweise nicht verwendet und weit in eine falsche Richtung) und 3. viel zu lang ist.

Einleitung/Überblick/Lead

Dieser Text fasst schon einmal die wichtigsten Fakten zusammen und leitet in den detaillierteren Bereich ein. Dabei sollte auch dieser Überblick nicht zu lang werden, damit er überhaupt gelesen wird (ca. 40–45 Wörter, ca. 300 Zeichen inkl. Leerzeichen). Im Kontext der Online-PR-Meldung kann die Einleitung aber auch dafür dienen, bereits im Vorwege Neugierde oder Spannung aufzubauen. Dabei müssen natürlich die formellen Vorgaben beachtet werden (siehe Kapitel „Schreibstil"), verglichen mit ähnlich wichtigen Meldungen oder Ereignissen hilft es aber schon sehr, sowohl den Endkunden als auch den Redakteur zum Weiterlesen zu animieren.

Hauptteil/Meldung

Hier kann das Thema dann eingehend behandelt werden – soweit dies in 300 bis 400 Wörtern überhaupt möglich ist. Damit der Leser einen vernünftigen Einblick gewinnen kann, sollte man sich wieder an den hilfreichen W-Wörtern/W-Fragen orientieren. Idealerweise wird mit der Online-PR-Meldung weitergehendes Interesse geweckt, sich für eine Veranstaltung angemeldet, eine Dienstleistung oder ein Produkt gekauft. Selbst wenn der Text dann „nur" in den sozialen Netzwerken geteilt wurde, haben Sie schon ein wichtiges Teilziel erreicht.

Beschreiben Sie alle relevanten Aspekte, verweisen Sie auch gerne auf flankierende Themen und binden Sie möglichst viele Zitate/O-Töne der beteiligten Personen mit ein. Wenn Ihnen aber bisher noch nicht genug Originalaussagen vorliegen, können Sie auch gerne sinngemäß vorformulieren und sich dann die Freigabe der entsprechenden Personen einholen. Aber Achtung: Veröffentlichen Sie niemals Zitate oder Aussagen, die Ihnen in dieser Form nicht vorlagen oder die Sie vorher nicht explizit abgestimmt haben Auf „Nummer sicher" gehen Sie, wenn Sie sich die Freigabe der zitierten Personen schriftlich bestätigen (als Brief, Fax oder notfalls auch als E-Mail) lassen. Möchten Sie Redakteure animieren, die erwähnten Zitate direkt für ihre Berichterstattung zu verwenden, fügen Sie dann noch folgenden Satz mit ein: „ Alle genannten Zitate sind bei Nennung der Quellenangabe ‚XXXXXX' für den Abdruck und die Online-Verwendung honorarfrei." Ein abweichendes Vorgehen führt mittlerweile recht schnell zu rechtlichen und finanziell schmerzhaften Konsequenzen.

In den Hauptteil können Sie bei einer Online-PR-Meldung auch ein oder zwei Links zu den erwähnten Webseiten oder Anmeldeformularen einbinden. Vermeiden Sie aber unbedingt konkrete Aufforderungen (CTAs/Call-to-Actions) wie „Jetzt anmelden!" oder „Gratis anfordern!" Schneller kann man von den Online-PR-Portalen nicht abgelehnt werden, da diese Formulierungen als Werbung oder Handlungsaufforderung gelten und dem grundsätzlich neutralen Charakter einer Online-PR-Meldung direkt widersprechen.

Kontakt/Pressekontakt/Ansprechpartner

In diesem Abschnitt finden Leser und Journalisten die direkten Kontaktdaten des verantwortlichen Autors der Pressemeldung. Dieser kann gleichzeitig auch als Ansprechpartner für Presse-Anfragen dienen, muss aber nicht. Wenn es sowohl einen internen, als auch einen externen Pressekontakt (PR-Agentur) gibt, sollten beide dann ebenfalls vollständig aufgeführt werden. Allgemeine E-Mail-Adressen (info@xxxxx.de) oder zentrale Rufnummern (XXX-o) reichen in der Regel nicht aus, die meisten Online-PR-Portale verlangen folgende, wesentlich konkretere Angaben:

- **Name der Firma/Organisation**
- **Name und Position des Verantwortlichen im Sinne des Presserechts (V.i.S.d.P.)**
- **Adresse mit Straße, Hausnummer, PLZ und Stadt (keine Postfachadresse)**
- **Telefonnummer mit Durchwahl**
- **Faxnummer**

- Direkte E-Mailadresse des Verantwortlichen (kann auch presse@xxxx.de lauten, wenn die Nachrichten an die verantwortliche Person weitergeleitet werden)
- Web-Adresse

Die E-Mail- und Web-Adressen werden von einigen Portalen direkt umgewandelt, bei anderen können diese als Links formatiert werden.

Unternehmens-Abbinder/Boilerplate

In diesen Bereich gehören allgemeine Informationen zum Unternehmen, in dessen Namen diese Meldung verfasst wurde: Branche, Standort, Marktführerschaft (soweit vorhanden), Problemlösungskompetenz, Historie (soweit erwähnenswert). Der Unternehmens-Abbinder ist eine Art Elevator-Pitch (Kurzvorstellung) des Unternehmens und sollte nicht mehr als 60 Wörter bzw. 500 Zeichen (inkl. Leerzeichen) lang sein. Wenn die Vorteile des Unternehmens sich nicht innerhalb dieses Umfangs zusammenfassen lassen, besteht akuter Handlungsbedarf in Bezug auf Profilschärfung/USP-Entwicklung.

Schreibstil

Mitentscheidend für die erfolgreiche redaktionelle Prüfung und Freigabe Ihrer Meldung durch die Online-PR-Portale ist der textliche Stil. Hier gibt es einige glasklare Vorgaben, aber auch ein paar Empfehlungen, die nicht so eindeutig formuliert werden können.

Allgemeine Tonalität

Der wohl wichtigste Punkt: Niemals in der Ich- oder Wir-Form schreiben. Dann handelt es sich schon aus formellen Gründen nicht mehr um eine Pressemeldung, sondern um eine Werbebotschaft des Unternehmens, die von allen Portalen sofort aussortiert wird. Natürlich ist allen Beteiligten klar, dass eine Pressemitteilung niemals als objektive oder journalistische Meldung angesehen werden kann und die Interessen des veröffentlichenden Unternehmens verständlicherweise im Vordergrund stehen. Sobald aber in der ersten Person Singular oder Plural geschrieben wird, kann der rein informative Charakter des Textes schon aus formalen Gründen nicht mehr vorausgesetzt werden.

Warnung:

Direkte Handlungsaufforderungen müssen unbedingt vermieden werden. Diesen Punkt habe ich schon im vorherigen Kapitel angeschnitten, aufgrund der Einordnung als absolutes KO-Kriterium kann man aber einfach nicht oft genug darauf hinweisen. Im Gegensatz zur Ich-Form rutscht einem dieser Fehler auch viel leichter durchs Raster. Aus diesem Grund bietet es sich immer an, den gerade mühsam erstellten Pressetext von einem unbeteiligten Dritten, der aber in Bezug auf diese existentiellen KO-Kriterien umfassend in Kenntnis gesetzt wurde, Korrektur lesen zu lassen.

Weiterhin sollten auf allzu blumige Formulierungen und absolute Superlative („der weltbeste Autor", „eine schriftstellerische Koryphäe internationalen Rangs, die sich mit unendlicher Hingabe und förmlicher Selbstverleugnung dem hehren Ziel ihrer selbstgewählten Mission verschrieben hat", etc.) verzichtet werden. Diese finden sich in originären redaktionellen Meldungen auch äußerst selten. Zu Übungszwecken können Sie sich gerne an Artikeln in Tageszeitungen, Publikumszeitschriften oder Special Interest Titeln orientieren, die als Quelle eine der bekannten Nachrichtenagenturen wie DPA, AP, etc. aufführen. Nachrichten in klassischen Medien verorten sich immer noch unter dem breiten Dach der objektiven Berichterstattung, obwohl sich dieser hehre Anspruch im Laufe der Zeit und aufgrund der personell und finanziell immer weiter zusammenschrumpfenden Redaktions-Ressourcen ehrlicherweise nur noch selten im vollen Umfang aufrechterhalten lässt. Nichtsdestotrotz gelten auch für Online-PR-Meldungen weiterhin diese Qualitätsansprüche und machen einen nicht unerheblichen Teil der Glaubwürdigkeit dieses Kommunikationskanals aus.

Zitate

Wie bereits erwähnt, sollten O-Töne und Zitate der Protagonisten NIEMALS ohne explizite und persönliche Freigabe veröffentlicht werden. Wer diese Grundregel nicht berücksichtigt, handelt sich über kurz oder lang mit an Sicherheit grenzender Wahrscheinlichkeit großen Ärger mit den Verantwortlichen ein – es sei denn, man schreibt als Hauptverantwortlicher die Meldung selbst. Nicht autorisierte Zitate haben in der Vergangenheit und in vordigitalen Zeiten bereits etliche vielversprechende PR-Karrieren komplett und dauerhaft ausgelöscht, bevor sich diese überhaupt erst richtig entfalten konnten. Aber auch bei unternehmensinternen Meldungen können zu forsch veröffentlichte oder vermeintlich richtige Zitate enormen Schaden verursachen. Andererseits eignet sich die Zitatform auch hervorragend für Aussagen, die ohne die unvermeidlichen „Gänsefüßchen" als zu subjektiv kategorisiert und der erfolgreichen Freigabe durch die Portal-Redaktionen im Wege stehen würden. Setzen sie die Werbebotschaften in den Anführungszeichen aber mit Bedacht und nicht zu inflationär ein, die Verantwortliche auf „der anderen Seite" verstehen eben auch ihr Handwerk und riechen den Braten meiner Erfahrung nach vergleichsweise schnell.

Dos und Don'ts

Auf die erfolgskritischen KO-Kriterien sind wir bereits im Detail eingegangen. Wenden wir uns nun den etwas „schwammiger" formulierten Dos und Don'ts zu. Die mehr oder weniger bewussten Tritte ins Fettnäpfchen gefährden zwar selten den

Veröffentlichungserfolg, verursachen aber im besten Fall ein unbestimmtes Unbehagen, im schlimmsten Fall eine konkrete Widerstandshaltung der Leserinnen und Leser. Von den Journalisten mal ganz abgesehen.

Tatsächlich gibt es deutlich weniger Dos als Don'ts. Daher möchte ich zuerst unbedingt auf einen wirklich wichtigen Aspekt eingehen, der jede Pressemeldung wesentlich interessanter und auch teilungswürdiger macht: Werden Sie konkret in Ihren Formulierungen. Vermeiden Sie möglichst Allgemeinplätze und schildern Sie direkt nachvollziehbare und praxisnahe Beispiele, um die grundsätzlich positive Aussage Ihrer Pressemitteilung zu unterstreichen. In Kombination mit dem journalistisch korrekten Einsatz von O-Tönen und Zitaten gewinnen Sie auf diese Weise enorm an Authentizität und erhöhen das „Viralitäts-Potential" Ihrer Meldung (die Chance, im exponentiellen Umfang über verschiedene sozialen Medien geteilt zu werden) deutlich.

Immer neutral ...

Wenn Sie für ein politisch unabhängiges, religiös und/oder weltanschaulich neutrales Unternehmen schreiben, achten Sie bitte auch explizit darauf, sich nicht durch ungeschickte Formulierungen oder bewusste Äußerungen in eine konkrete politische Ecke drängen zu lassen. Je weiter außen diese Positionierung erfolgt, desto schlimmer. Sie gewinnen vielleicht ein paar Kunden in dieser mehr oder weniger engen Ecke, verlieren aber dafür umso mehr potentielle Kunden der anderen politischen Lager und werden vielleicht zukünftig sogar stellvertretend für eine bestimmte politische Bewegung verteufelt. Je wirtschaftlich erfolgreicher sich Ihr Unternehmen entwickelt, desto größer ist auch die Wahrscheinlichkeit, dass Sie mit politischen Verantwortlichen, Amtsinhabern oder Würdenträgern in Kontakt kommen. Diese Treffen eignen sich hervorragend für aufmerksamkeitsstarke Pressemeldungen. Um Ihre politische Neutralität als Unternehmen zu wahren, sollten Sie darauf achten, in den entsprechenden Mitteilungen immer auf nur die gesellschaftliche Position Bezug zu nehmen und keine parteipolitischen Aspekte zu berücksichtigen. Ein Beispiel: Die Bundeskanzlerin oder der Bundeskanzler gehören naturgemäß einer bestimmten Partei an, ansonsten hätten sie diese Position nicht erreichen können. Gehen Sie aber trotzdem stets nur auf das Amt, aber niemals auf die Parteizugehörigkeit ein.

... und freundlich bleiben!

Reden Sie über Ihre Mitbewerber und direkten Konkurrenten IMMER höflich, wohlwollend und fair. Auch wenn sich das Wettbewerbsrecht im Laufe der letzten Jahre deutlich entspannt hat, gehört das öffentliche „In-den-Dreck-ziehen" der Mitbewerber immer noch zu den absoluten Don'ts – selbst wenn unter objektiven Gesichtspunkten die Kritik vollkommen berechtigt wäre. Stellen Sie sich vor, dass Sie selbst entsprechende Schmäh-Reden über Ihre eigene Person oder Ihr Unternehmen im Internet oder in der Tagespresse lesen müssten. Ihre diesbezüglichen Gefühle würden nachhaltig das allgemeine Gesprächsklima in der Branche vergiften und Türen dauerhaft schließen, an die man früher oder später klopfen müsste.

Vier Augen sehen mehr als zwei!

Vermeiden Sie bitte Grammatik- und Rechtschreibfehler. Die modernen Schreib- und Office-Programme verfügen mittlerweile über sehr ausgefeilte und enorm hilfreiche Prüfungs- und Autokorrektur-Funktionen, die Ihnen schon während der Eingabe die allermeisten Rechtschreib- und Grammatikfehler anzeigen. Ob Sie mit oder ohne Autokorrektur arbeiten, hängt von Ihren individuellen Präferenzen ab. Ich komme persönlich besser damit klar, Fehler vom Programm identifizieren zu lassen, sie dann aber selbst beheben „zu dürfen". Sehr praktisch stellt sich für mich auch die Funktion dar, bei einem als falsch erkannten Wort mit der rechten Maustaste die richtige Schreibweise zeigen – und bei Bedarf auch direkt einsetzen zu lassen. Gerade nach langwierigen Schreibprojekten fallen mir manchmal selbst die einfachsten Vokabeln nicht mehr ein.

Side-by-Side-Beispiel

Bisher habe ich Ihnen ausschließlich allgemeine Hinweise und bewährte Tipps gegeben. In diesem Unterkapitel möchte ich Ihnen nun anhand eines konkreten Beispiels verschiedene „Don'ts" weiter veranschaulichen. Praktischerweise nutze ich dafür meine eigene Meldung zur Veröffentlichung dieses Buches – einmal im Original und einmal als übertrieben negatives Beispiel:

Headline/Überschrift
Erfolgreiche Online-PR – neuer Praxis-Ratgeber als Buch und eBook erhältlich

Einleitung/Überblick/Lead
Was ist Online-PR überhaupt? Welche Argumente sprechen für Online-PR? Wie geht man effektiv und strukturiert bei der Formulierung und der Veröffentlichung einer nutzerorientierten Online-PR-Meldung vor? Diese und zahlreiche weitere Fragen will der Texter und PR-Berater Jörg Hüttmann mit seinem Praxisratgeber „Erfolgreiche Online-PR – Wie Sie Pressemeldungen für das Web zielgruppengenau schreiben und erfolgreich verbreiten" allgemeinverständlich beantworten.

Hauptteil/Meldung
Hamburg, XX.XX.2018 – Online-PR führt als kleine und wesentlich jüngere Schwester der bekannten und schillernden „Öffentlichkeitsarbeit" („Public Relations") nach Meinung des freiberuflichen Autors, Texters und Fachjournalisten Jörg Hüttmann immer noch ein Schattendasein. Dabei sprechen seiner Ansicht nach einige gewichtige Argumente dafür, sich gerade als kleines Unternehmen oder Freiberufler intensiv mit dieser Kommunikations-Disziplin zu beschäftigen. Wer über keine eigene PR-Abteilung verfügt oder sich – vielleicht auch aus Kostengründen – komplett selbst um die Erstellung und Verbreitung von Unternehmensnachrichten kümmern muss, findet in der Online-PR und den dazugehörigen Portalen eine passende und sehr flexible Möglichkeit, um sich schnell und nachhaltig in der Öffentlichkeit zu zeigen.

„Natürlich sollte man auch bei diesem Kommunikationskanal einige wichtige Grundregeln kennen und beachten. Andernfalls zahlt man unnötiges Lehrgeld und verliert viel Zeit", führt Jörg Hüttmann aus. Seit ca. 5 Jahren beschäftigt sich der gebürtige Hamburger bereits mit der Thematik – und konnte sein „Online-PR-Komplett-Paket" inkl. Formulierung, Veröffentlichung und Erfolgskontrolle mehrere Dutzend Mal erfolgreich verkaufen. „Aus dieser Praxis ergab sich eine optimierte Vorgehensweise, die strukturiert und unkompliziert sichere Fallstricke umschifft und gleichzeitig die limitierten Ressourcen von Unternehmern und Freiberuflern schont. Dieses umfassende Wissen möchte ich nun weitergeben", erläutert der vielbeschäftigte Familienvater seine Motivation.

„Erfolgreiche Online-PR – Wie Sie Pressemeldungen für das Web zielgruppengenau schreiben und erfolgreich verbreiten" enthält weiterhin eine kommentierte Liste kostenlos verfügbarer Online-PR-Portale und geht auch ausführlich auf praktische Tools ein, die dem Autor bisher bereits viel Zeit und Geld gespart haben – und dies auch weiterhin tun. Der Ratgeber wird sowohl als „analoges" Taschenbuch als auch im rein digitalen eBook-Format über alle bekannten Distributoren erhältlich sein. Jörg Hüttmann bietet seinen Lesern weiterhin an, regelmäßige Updates und hilfreiche Tipps und Tricks aus den Bereichen Online-PR und Content-Erstellung und -Pflege zu erhalten. Über die eigens eingerichtete Webseite „http://erfolgreiche-online-pr.de/" erfahren Interessierte mehr über das Buch und den exklusiven Aktualisierungs-Service.

Kontakt/Pressekontakt/Ansprechpartner
Dein Texter Jörg Hüttmann
Gotenweg 18, 22453 Hamburg
Tel.: 040-538 79 337
E-Mail: texter@dein-texter.de
Web: http://erfolgreiche-online-pr.de/"

Unternehmens-Abbinder/Boilerplate
„Ich finde Ihre Worte und Ihre Kunden finden Sie!" – mit diesem Slogan wirbt der Texter, Autor, Marketing-Berater und Fachjournalist Jörg Hüttmann seit mehr als 5 Jahren erfolgreich für seine professionellen Dienstleistungen. Sein umfangreiches Wissen aus der Erstellung und der aufmerksamkeitsstarken Verbreitung von zielgruppenorientierten Online-PR-Meldungen steht Unternehmen, Freiberuflern und Texter-Kollegen nun in komprimierter Form zur Verfügung: Der Praxisratgeber „Erfolgreiche Online-PR" führt Leserinnen und Leser durch alle notwendigen Schritte und verrät zusätzlich noch wertvolle Tipps und Tricks.

Diese Version entspricht den formalen Kriterien der verschiedenen Portale. Auch die Länge bewegt sich im üblichen Rahmen – es empfiehlt sich meiner Erfahrung nach aber, von Headline und Einleitung noch eine deutlich gekürzte Variante parat zu haben, da manche Online-PR-Seiten hier wesentlich restriktiver vorgehen, andere aber eine höhere Wortanzahl erlauben. Um kein Informations-Potential zu vergeben, bietet es sich also an, mit Variationen zu arbeiten. Nach der „guten" Version folgt auf der nächsten Seite direkt die „böse" und entsprechend (in fett-kursiver Schrift) kommentierte Variante:

Erfolgreiche Online-PR

Headline/Überschrift
Erfahren Sie, wie Sie mit Online-PR endlich Leser und Kunden gewinnen!

Diese Headline wäre (wenn überhaupt) für eine reine Verkaufs-Landing-Page geeignet. In der Öffentlichkeitsarbeit vermeidet man die direkte Ansprache der Leser und verzichtet auf offensichtliche Kaufaufforderungen und die dazugehörigen Ausrufezeichen. Weiterhin lässt die Schlagzeile vollkommen offen, dass es um die Neuerscheinung eines Ratgebers geht.

Einleitung/Überblick/Lead
Sie haben die Nase voll von unwirksamen Adwords- oder Face-Book-Anzeigen? Sie verschicken ständig Unternehmensmeldungen an Redaktionen, wurden aber bisher komplett ignoriert? Nehmen Sie jetzt endlich die Sache selbst in die Hand und veröffentlichen Ihre PR-Meldungen erfolgreich auf kostenlosen Online-PR-Portalen. Der PR-Experte Jörg Hüttmann verrät Ihnen in seinem Bestseller „Erfolgreiche Online-PR – Wie Sie Pressemeldungen für das Web zielgruppengenau schreiben und erfolgreich verbreiten", wie es richtig funktioniert.

Die Einleitung/der Überblick wird auch gerne als Aufreißer bezeichnet – was aber nicht bedeuten soll, dass man in diesem Abschnitt auch wie ein Marktschreier schreiben soll. Der erste Satz greift hier gleich richtig daneben: Der Schreibstil ist viel zu forsch und eindeutig parteiisch. Zusätzlich sollte man vermeiden, Unternehmen und Marken in einen herablassenden Kontext zu setzen. Wenn man konkrete Namen überhaupt erwähnen muss, gilt es darauf zu achten, dass die korrekte Schreibweise und eventuell notwendige ®- und Copyrightzeichen verwendet werden. Andernfalls bekommt man eventuell bald Post von versierten Anwaltskanzleien. Sich selbst als Experten zu bezeichnen, mag vielleicht noch durchgehen – den erst vor wenigen Tagen veröffentlichten Ratgeber ganz dreist als „Bestseller" zu bezeichnen, sprengt aber eindeutig den Rahmen. Dieser „Lead"-Text würde die redaktionelle Prüfung eines seriösen Online-PR-Portals – vollkommen zu Recht – nicht überleben.

Hauptteil/Meldung
In zeitaufreibender und akribischer Kleinarbeit fügte der Bestseller-Autor und international anerkannte PR-Experte Jörg Hüttmann zahlreiche Puzzle-Teile zusammen, um dem Leser ein umfassendes und uneingeschränkt erfolgversprechendes Standardwerk an die Hand zu geben, um zukünftig seine Öffentlichkeitsarbeit komplett losgelöst von den Restriktionen der Mainstream-Medien durchführen und seine Umsätze auf ein neues Spitzen-Niveau heben zu können.

Höchste Laber- und Schachtelsatz-Alarmstufe! Dieser Absatz besteht tatsächlich nur aus einem einzigen Satz – und stilistisch sehr fragwürdigen Verschachtelungen. Aber fangen wir mit dem ersten Fauxpas an: Der erste Absatz des Hauptteils einer Pressemeldung beginnt normalerweise mit dem Ort und dem Veröffentlichungsdatum – diese fehlen schon mal komplett. Dann geht es direkt mit maßlosen Übertreibungen weiter. Ich bin weder ein Bestseller-Autor (bisher jedenfalls noch nicht). Weiterhin kenne ich mich zwar mittlerweile ziemlich gut mit dem

Thema Online-PR aus, würde mich aber trotzdem nicht als international anerkannten Experten bezeichnen. Wer seine Online-Pressemeldungen selbst schreibt, muss sein Licht natürlich nicht unter den Scheffel stellen – sollte andererseits aber schamlose Übertreibungen vermeiden, die mit ein wenig Google-Recherche als reine Fiktion entlarvt werden können. Im nächsten Satz stößt die vermeintliche Erfolgsgarantie übel auf – weiterhin werden nur die männlichen Leser angesprochen.

„Unzählige meiner Kunden und auch zahlreiche Interessenten haben mir quasi die Bude eingerannt und mich angefleht, Ihnen endlich mein Erfolgsgeheimnis zu verraten", erläutert der Hamburger Star-Autor Jörg Hüttmann seine beweggründe, seine patentierte Vorgehensweise in Form des neuen und umfassenden Praxis-Ratgeber auf den Markt zu bringen. In einem eignen kapitel geht der PR-Experte ausführlich auf die empfehlenswerten Onöine-PR-Portale ein und verlinkt diese dann auch direkt.

Und noch mehr Übertreibungen, die überhaupt nicht notwendig sind – Vertrauen entsteht beim Leser durch Authentizität, jederzeit nachprüfbare Fakten und tatsächlich auch Ecken, Kanten und Schwächen. Echte Menschen werden sich mit echten Menschen üblicherweise am schnellsten identifizieren – und von reinen „Maulhelden" distanzieren. Weiterhin wirkt der Schreibstil ein wenig holprig, zudem finden sich noch etliche Rechtschreibfehler. Diese erscheinen heutzutage als völlig unnötig – dank der immer besser werdenden und in Echtzeit ablaufenden Prüfungsfunktionen der aktuellen Office- und Textverarbeitungsprogramme.

Unternehmens-Abbinder/Boilerplate
„Erfolgreiche Online-PR – Wie Sie Pressemeldungen für das Web zielgruppengenau schreiben und erfolgreich verbreiten" – erhalten Sie im gut sortieren Buchhandel, direkt über http://erfolgreiche-online-pr.de/ oder natürlich auch bei den bekannten Online-Versandhändlern. Wer sich unter http://erfolgreiche-online-pr.de/ mit seiner E-Mail-Adresse einträgt, erhält regelmäßige Updates und Infos des Autors.

Sollte man in einer Veröffentlichungs-Meldung direkt auch einen Link zur Bestellseite einbauen? Hier gibt es durchaus konträre Meinungen. Wenn man sich dann aber dafür entschieden hat, dem Leser den Weg zum Kauf so einfach wie möglich zu machen, reicht die einmalige Erwähnung der entsprechenden URL vollkommen aus. Die meisten Online-PR-Portale sehen die Anhäufung von Links nicht sehr gerne, angesichts des Risikos, irgendwann von der marktbeherrschenden Suchmaschine als reine Content-Farm ohne tatsächlichen Mehrwert abgestempelt zu werden.

Kontakt/Pressekontakt/Ansprechpartner
Dein Texter Jörg Hüttmann
Postfach 12345
12345 Hamburg
E-Mail: info@dein-texter.de
Web: http://erfolgreiche-online-pr.de/

Absolut unseriös erscheint man, wenn im „Kontakt"-Bereich keine direkten Ansprechpartner genannt, nur eine Postfachadresse aufgeführt und/oder eine „in-

*fo"-E-Mail-Adresse hinterlegt werden. In diesem Negativ-
beispiel fehlt ebenfalls eine Telefonnummer mit Durchwahl, die Rufnummer der Zentrale (endet normalerweise
auf „-o"), reicht auch nicht aus.*

Unternehmens-Abbinder/Boilerplate
„Genial", Ungemein hilfreich", Fantastisch!" – so lautet typi-
sches Feedback meiner Leser. Als bekannter und international
erfolgreicher Autor, Texter und Ghostwriter sehe ich es als meine eherne Pflicht an, Menschen zum Erfolg zu führen und die
Welt jeden Tag ein wenig besser zu machen. Sie erreichen mich
unter texter@dein-texter.de

*Zugegeben: Im Unternehmens-Abbinder kann man tat-
sächlich ein wenig „werblicher" schreiben und muss auch
mit den persönlichen Kompetenzen nicht hinterm Berg
halten. Jetzt aber das ganz große Feuerwerk abzubrennen
und sich als Retter der Menschheit dazustellen, sprengt
vollends den Rahmen. Dieses letzte i-Tüpfelchen sorgt
auf jeden Fall dafür, dass die gesamte Online-PR-Meldung
nicht auf den „News"-Seiten der verschiedenen Portale,
sondern umgehend im digitalen Papierkorb der prüfenden
Redakteure landet.*

*Ich hoffe, diese arg übertriebene Version konnte die im
Vorwege nur theoretisch angeführten Tipps gut veranschaulichen – vielleicht habe ich Sie damit auch ein wenig
zum Schmunzeln bringen können ... jetzt aber weiter zum
nächsten Kapitel:*

Risiko Duplicate Content?

Als „Duplicate Content" werden Text-Inhalte bezeichnet, die nicht nur einmal auf der eigenen Homepage existieren, sondern in identischer Form unter der gleichen oder einer anderen URL abgerufen werden können. Google mag Duplicate Content nicht, da die Suchmaschine in der Ergebnisliste ein möglichst breites Angebot unterschiedlicher Perspektiven oder Informationen zum gesuchten Keyword präsentieren möchte. Versammeln sich auf den ersten Plätzen völlig identische Texte, reduziert sich die Qualität der Suche entsprechend. Duplicate Content kann sowohl aus Versehen als auch mit „böser" Absicht erstellt werden. Die versehentliche Zurverfügungstellung ahndet Google üblicherweise nicht, die inhaltliche Positionierung der eigenen Webseite wird lediglich verwässert. Absichtlich erstellte Duplikate, die das Ranking eines bestimmten Inhalts künstlich verbessern sollen, werden aber entsprechend hart abgestraft.

Diese Thematik betrifft die Ersteller von Online-PR-Meldungen erfreulicherweise fast überhaupt nicht. Denn die Inhalte werden zwar in identischer Form auf verschiedenen Portalen präsentiert, beeinträchtigen aber trotzdem nicht das Ranking der eigenen Webseite. Die Portale sind Google als Anbieter von Nachrichten bekannt, die jeweiligen Artikelseiten üblicherweise auch mit dem entsprechenden „Canonical"-Tag versehen worden. Diese Kennzeichnung teilt der Suchmaschine mit, dass es sich hier um mehrfach vorhandenen Content handelt. Stellen Sie die Pressemeldung auch auf der eigenen Webseite zur Verfügung, sollten Sie Ihren Webmaster oder Programmierer bitten, den dazugehörigen „Canonical"-Tag zu setzen, um Google mitzuteilen, dass es sich hier um das „Original" handelt.

Bilder

Die Binsenweisheit „Ein Bild sagt mehr als 1.000 Worte" hören Redakteure, Autoren und Texter verständlicherweise weniger gern als Fotografen oder Grafiker, der zugrundeliegenden Wahrheit kann man sich aber auch bei der Erstellung von Online-PR-Meldungen nicht vollkommen entziehen. Andererseits ersetzt aber selbst das aussagekräftigste Bild keine sauber recherchierte und spannend formulierte Pressemeldung, die gut strukturiert wichtige Informationen und echte Neuigkeiten präsentiert. In der Kombination dieser beiden Medientypen liegt daher die einzigartige Wirkkraft professioneller Online-Pressemitteilungen.

Formate, Dateigrößen, Beschriftungen

Damit eingebettete oder separat bereitgestellte Bilder dann auch die gewünschte Wirkung entfalten können, müssen ein paar Grundsatz-Regeln beachtet werden. Die Online-PR-Portale zeigen sich in Bezug auf das Format (Verhältnis von Breite zu Höhe) und der maximalen Dateigröße üblicherweise sehr restriktiv. Ich bin dementsprechend bisher immer sehr gut damit gefahren, Varianten in 200x200 Pixel, 750x500 Pixel und 500x333 Pixel Größe (bei einer Auflösung von 150 dpi) zu erzeugen und je nach Bedarf hochzuladen.

Quellen

Achten Sie unbedingt darauf, dass Sie über die entsprechenden Nutzungsrechte der verwendeten Fotos oder Grafiken verfügen. Haben Sie die Bilder (mit der passenden Lizenz) bei einer Online-Bilddatenbank erworben, sollten Sie in der obligatorischen Bildbeschreibung auch immer das Portal und den jeweiligen Fotografen nennen, um auf „Nummer Sicher" zu gehen. Tatsächlich erlauben einige Online-PR-Plattformen grundsätzlich nicht die Verwendung von sogenannten „Stockfotos". Dies hat in der Regel rechtliche Gründe, aber auch aus journalistischer Sicht sollte man auf Bilddatenbanken immer nur dann zurückgreifen, wenn man wirklich über kein eigenes, thematisch passendes Bildmaterial verfügt. Selbst die Hochglanzfotos der Geschäftsführung sind immer noch besser als nichtssagende Stockbilder, die im Zweifel auch von der Konkurrenz oder von Unternehmen verwendet werden, mit denen man aus verschiedenen Gründen nicht „in einen Topf geworfen" werden will.

In der Bildunterschrift sollten neben den obligatorischen Copyright-Angaben idealerweise ein paar Informationen über die abgebildeten Personen, Gegenstände oder Orte zu finden sein. Manche Online-PR-Hosts stellen auch die Möglichkeit zur Verfügung, einen „Alt"-Text einzugeben, der es Sehbehinderten ermöglicht, die Beschreibung des Bildinhalts lesen zu können. Nutzen Sie auch diese Option. Es versteht sich weiterhin von selbst, dass diskriminierende, sexuell anstößige oder anderweitig verbotene oder sittenwidrige Bilder grundsätzlich nicht verwendet werden sollten.

Tools

Kein verantwortungsbewusster und professioneller Handwerker würde sich ohne vernünftiges Werkzeug auf den Weg zum Kunden machen. Wir hingegen sitzen vor unseren digitalen Dateneingabegeräten und geben uns auch bei der Erstellung von Pressemeldungen mit den Standard-Funktionalitäten der Betriebssysteme und Programme zufrieden. Die Texte meiner ersten drei oder vier Pressemeldungen habe ich noch ziemlich aufwendig mit der normalen Copy-and-Paste-Funktion eingefügt, danach sparte ich enorm viel Zeit durch die Verwendung des Software-Tools TextExpander.

TextExpander

Mit diesem innovativen und intuitiven Programm weisen Sie immer wieder benötigten Textbausteinen individuelle Tastenkombinationen zu. Das Potential dieser Software geht weit über das Einsetzen von Signaturen oder Grußformeln hinaus. Sobald ich eine Pressemitteilung erstellt und die finale Freigabe des Kunden erhalten habe, erstelle ich bis zu 17 verschiedene Tastaturkürzel für spezifische Elemente der Pressemeldung. Um nicht den Überblick zu verlieren, habe ich eine folgerichtige Namenskonvention entwickelt, die mir mittlerweile in Fleisch und Blut übergegangen ist. Als Inspiration ein paar Beispiele aus meiner täglichen Praxis: Jedes Kürzel beginnt mit einem Semikolon, da ich dieses Satzzeichen sonst nicht verwende. Dann folgen der oder die Anfangsbuchstabe(n) des jeweiligen Kunden und ein Buchstabe für das jeweilige Element der Pressemeldung. Gibt es Varianten, steht eine „2" oder „3" vor dem letzten Buchstaben, um Konflikte mit Duplikaten in den Programm-Einstellungen zu vermeiden. Schreibe ich also über mich und möchte den Einleitungstext der Pressemeldung in das dazugehörige Feld in der Eingabemaske des Online-PR-Portals einfügen, drücke ich die Tasten „;jhl" – hier steht „jh" für den Kunden (mich selbst) und „l"(das kleine „L") für „Lead/Einleitung". Erfordert die Struktur der jeweiligen Plattform stattdessen die Hinterlegung einer alternativen Einleitung (Kürzel: „l2" für „Lead-Variante 2"), drücke ich „;jh2l". Will ich den Unternehmensabbinder (Kürzel: „u") einsetzen, folgt „;jhu". Das Zeichen „-" (minus) verwende ich, wenn ich eine Variante mit reduzierter Wort- oder Zeichenanzahl für spezielle Portale oder Felder erstellen muss.

Ich möchte nicht wissen, wie viel Zeit ich mittlerweile durch den Einsatz von TextExpander einsparen und für wichtigere Tätigkeiten verwenden konnte. Dabei beschränke ich mich beim Einsatz schon lange nicht mehr auf die Beschickung von Online-PR-Portalen, sondern setze dieses geniale Tool auch immer stärker in der alltäglichen E-Mail-Kommunikation ein: „;hgh" erzeugt zum Beispiel „Herzliche Grüße, Jörg Hüttmann". TextExpander gibt es praktischerweise für MacOS, Windows und iOS.

WDF*IDF-Tool

Die Formel WDF*IDF lief mir bereits zu Beginn meiner Selbstständigkeit über den Weg, als ich mich eingehender mit dem Thema Suchmaschinenoptimierung beschäftigen musste. Meine Kunden wollten nicht nur „nette" und einladende Texte für Flyer, sondern auch Keyword-optimierte Produkt- und Kategorie-Beschreibungen, Teaser für Homepages, zielgruppenspezifischen Content für spezielle Landingpages und nachhaltig wirkende Online-PR-Meldungen.

Diese zeichnen sich vornehmlich dadurch aus, dass nicht nur die offenkundigen Keywords in einer vernünftigen Anzahl enthalten sind (Beispiel: Der Willkommenstext einer Bäckerei-Homepage sollte natürlich mehrmals das Keyword „Bäckerei" zusammen mit der Ortsbezeichnung beinhalten), sondern auch Begriffe aufweisen, die einen direkten fachlichen Zusammenhang aufweisen (Für unser Bäckerei-Beispiel: „Vollkornbrötchen", „Mohnbrötchen", „Bio-Brot", „Sauerteig", „regionale Getreidelieferant", etc.). Das WDF*IDF-Tool analysiert die von Google erwartete Häufigkeit dieser Begriffe und schlägt praktischerweise auch zusätzliche Wörter vor, die ebenfalls im Text vorkommen sollten. Mit mehreren Optimierungsstufen erstellt man auf diese Weise einen Text, der informativ, nicht SPAM-verdächtig, Leser- und Suchmaschinen-freundlich daherkommt. Ich bin nun mal kein Mathematiker oder Informatiker, daher blieb es Karl Kratz (ein kongenialer SEO-Praktiker und Content-Philosoph) vorbehalten, die dazugehörige Formel so zu formulieren, dass bei mir schließlich lautstark der Groschen fiel und ich endlich die zahlreichen Vorteile erkannte. Bei Wikipedia erfahren Sie unter dem Suchbegriff „Within-document Frequency" oder diesem Link mehr über den mathematischen Hintergrund. Für die Erstellung von Pressemeldungen, die nicht nur Journalisten/Redakteuren und bestehenden oder zukünftigen Kunden gefallen, sondern auch Ihre Sichtbarkeit im Internet dauerhaft erhöhen und gleichzeitig den Vorgaben der marktdominierenden Suchmaschine entsprechen sollen, reicht dieses praxisorientierte und gut dokumentierte WDF*IDF-Tool (http://www.wdfidf-tool.com/) vollkommen aus. Nutzen Sie dieses Helferlein aber nicht nur für Ihre Pressemeldungen, sondern wenden Sie es auch gerne für Ihre Homepage an. Ein wenig Einarbeitungszeit muss zwar investiert werden, dieser Aufwand rechnet sich meiner Erfahrung nach aber auf jeden Fall.

Portale

Nachdem wir uns intensiv mit den theoretischen Grundlagen und praktischen Hilfsmitteln beschäftigt haben, wollen wir uns nun die verfügbaren Online-PR-Portale genauer ansehen, die erfolgreiche Online-Pressearbeit überhaupt erst möglich machen. Vor einigen Jahren waren sehr viele Portale auf dem Markt, die Qualität differierte aber erheblich. In letzter Zeit fand eine gewisse Marktbereinigung statt, aktuell arbeite ich mit ca. 12 bis 15 Portalen, die auch von Unternehmen oder Freiberuflern ohne Zwischenschaltung von Spezialanbietern wie PR-Gateway mit Online-PR-Mitteilungen beschickt werden können.

Auswahl

Wie auch das Angebot an gedruckten Pressetiteln fächert sich die Landschaft der Online-PR-Portale ziemlich auf: Wir unterscheiden ebenfalls grob zwischen den Publikums-, Wirtschafts- und Special-Interest-Medien. Mein Hauptaugenmerk liegt dabei klar auf den Publikums- und Wirtschaftsportalen. Die jeweils passenden Branchen- oder Special-Interest-Plattformen sollte man zusätzlich zu den allgemeinen Nachrichten-Hostern recherchieren und mit Meldungen versorgen. Ich gehe auf die zahlreichen spezialisierten Plattformen nicht gesondert ein, da sich der Markt hier viel zu heterogen darstellt, weiterhin weisen nicht wenige Portale aufgrund ihrer engen Ausrichtung auch eine vergleichsweise kurze Lebensdauer auf – jeder Versuch einer erschöpfenden Auflistung wäre innerhalb kürzester Zeit obsolet. Zwar herrscht auch bei den B2C- und Wirtschafts-Online-PR-Portalen eine gewisse Fluktuation, diese kann ich aber durch einen Aktualisierungs-Service, der exklusiv den Lesern dieses Buches zur Verfügung steht, ausgleichen.

Wenn Sie hier auf dem Laufenden bleiben wollen, tragen Sie sich einfach auf der Seite http://erfolgreiche-online-pr.de/aktuell in das Newsletter- und Update-Formular ein. Ihre Daten werden natürlich DSGVO-konform ausschließlich für den Aktualisierungs- und News-Service verwendet und niemals Dritten zur Verfügung gestellt. SPAM hasse ich mindestens genauso sehr wie Sie.

Empfehlungen

Zum Erscheinungszeitpunkt dieses Buches umfasst meine persönlich recherchierte, geprüfte und für zahlreiche Kunden aus unterschiedlichsten Branchen seit Jahren erfolgreich eingesetzte Liste folgende Portale:

firmenpresse.de

Quelle: Screenshot

Seriöses und seit etlichen Jahren sehr aktives Wirtschafts-nachrichten-Portal mit gutem Ranking und vielen Backlinks (2.000+) Sowohl deutsche als auch englische Pressemitteilungen können hier eingestellt und verbreitet werden. Komfortable und einfache Eingabemaske, die Übersicht der bereits veröffentlichten Meldungen umfasst auch die Anzahl der bisherigen Aufrufe. Die Redaktion von firmenpresse.de gibt die Meldungen üblicherweise sehr zügig frei, wenn alle Vorgaben und Richtlinien beachtet wurden.

Direktlink: https://www.firmenpresse.de/

portalderwirtschaft.de

Quelle: Screenshot

Das Portal der Wirtschaft dient vornehmlich als eine Art „Gelbe Seiten" für unterschiedlichste Branchen und Unternehmen. Gewerbetreibende und Firmen können eigene Unternehmens-Profile einstellen und mit Bildern, den Kontaktinformationen der direkten Ansprechpartner und passenden Google-Kartendaten ergänzen. Zusätzlich veröffentlicht die Redaktion aber auch Pressemeldungen, die Eingabemaske ist nicht so intuitiv wie beim Portal firmenpresse.de, dafür muss man sich aber auch nicht notwendigerweise registrieren. Formal korrekte Meldungen werden ebenfalls sehr zügig freigegeben, eine Besucherstatistik ist aber leider nicht verfügbar.

Direktlink: https://www.portalderwirtschaft.de/

openpr.de

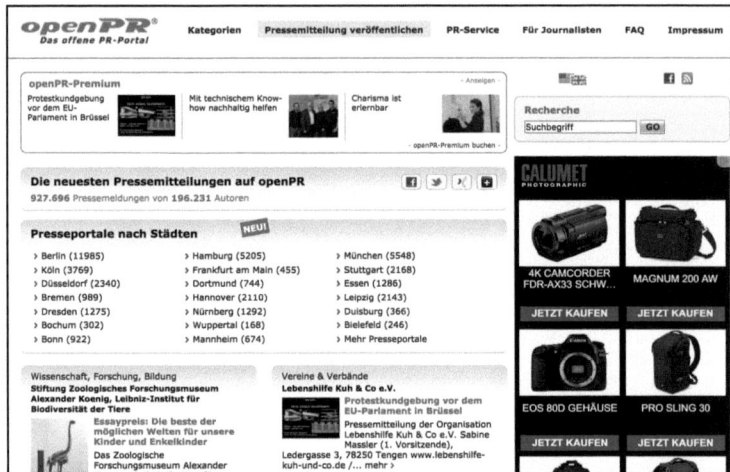

Quelle: Screenshot

Die Wortmarke openPR ist beim deutschen Marken- und Patentamt bereits seit 2005 geschützt, entsprechend hoch ist das Ranking dieses, von Rechtsanwalt Sebastian Einbock betriebenen Portals. Die Plattform bietet neben der allgemeinen Veröffentlichung auch die Möglichkeit, Ihre Online-Pressemeldung einem Städteportal zuzuordnen. Für die Einstellung der Nachricht ist keine Registrierung erforderlich. openPR bietet ebenfalls die Option, englischsprachige Meldungen zu verbreiten und weist bei bereits veröffentlichten Beiträgen auch die Anzahl der bisherigen Visits aus. Ein sehr seriöses und aufmerksamkeitsstarkes Portal.

Direktlink: https://www.openpr.de/

Live-PR.com

Quelle: Screenshot

Hossam Abdel-Kader, der Betreiber dieses seit etlichen Jahren sehr aktiven Online-PR-Portals, ist in Wien zuhause, die „com"-URL interessanterweise aber in Indien registriert. Nichtsdesto-trotz erlaubt Live-PR die öffentlichkeitswirksame Verbreitung von deutschen und englischen Nachrichten. Für die Eingabe ist aber auch eine vorherige Registrierung erforderlich. Das Formular ist weitgehend intuitiv aufgebaut, es sollten nur die Vorgaben in Bezug auf die jeweiligen Textlängen beachtet werden, ansonsten investiert man unnötige Zeit für vermeid-bare Korrekturschleifen. Für dieses und andere – eher restrik-tive – Portale erstelle ich aus gutem Grund immer auch noch kürzere Alternativtexte. Neben der Veröffentlichung von On-line-PR-Meldungen besteht bei diesem Portal auch die Opti-on, einen Unternehmenseintrag einzustellen. Dieser verstärkt dann noch die Wirkung der Online-PR-Meldung. Auch Live-PR ist erstaunlicherweise noch nicht komplett SSL-verschlüsselt, obwohl diese Eigenschaft eine der wenigen offiziell von Google veröffentlichten Ranking-Kriterien darstellt. Ob man in absehbarer Zeit auf eine „https"-URL wechselt, ist momentan noch nicht absehbar, auf der Webseite selbst fehlen entsprechende Informationen.

Direktlink: http://www.live-pr.com/

Fair-News.de

Quelle: Screenshot

Mit einem zum Herbstanfang des Jahres 2017 komplett über-
arbeiteten Layout und modernisierter Technik begrüßt dieses
seit nunmehr 10 Jahren erfolgreich am Markt agierende On-
line-Pressportal die Besucher und Publisher. Die Geschwindig-
keit hat zwar ein wenig gelitten, das Einstellen der Nachrichten
geht aber wesentlich bequemer und intuitiver vonstatten. Mit
fast 400 Backlinks sorgt der Betreiber Klaus Lewohn für ein
gutes und breites Veröffentlichungs-Spektrum. Die Webseite
verfügt seit dem Technik- und Design-Relaunch auch über eine
vollumfängliche SSL-Verschlüsselung. Eine gewerbliche Registrierung ist und bleibt – soweit mir bekannt – kostenlos.

Direktlink: https://www.fair-news.de/

Nachrichten-RSS.de

Quelle: Screenshot

Ein im Vergleich zu den bereits aufgeführten Portalen eher leicht verstaubtes Seiten-Layout trifft man unter der URL www. nachrichten-rss.de an. Weiterhin setzen die Betreiber immer noch nicht auf das mittlerweile fast obligatorische SSL-Übertragungsprotokoll. Dafür gibt es an den entsprechenden Ranking-Werten und dem User-Interface nichts zu beanstanden. Die Besucher der bereits veröffentlichten Meldungen werden nach dem Einloggen sehr übersichtlich angezeigt, auch lassen sich die Nachrichten im Nachhinein noch bearbeiten. Die PR-Beiträge werden sehr schnell freigeschaltet und erfüllen auch in Bezug auf die SEO-Wirkung ihren Zweck.

Direktlink: http://www.nachrichten-rss.de/

Perspektive Mittelstand

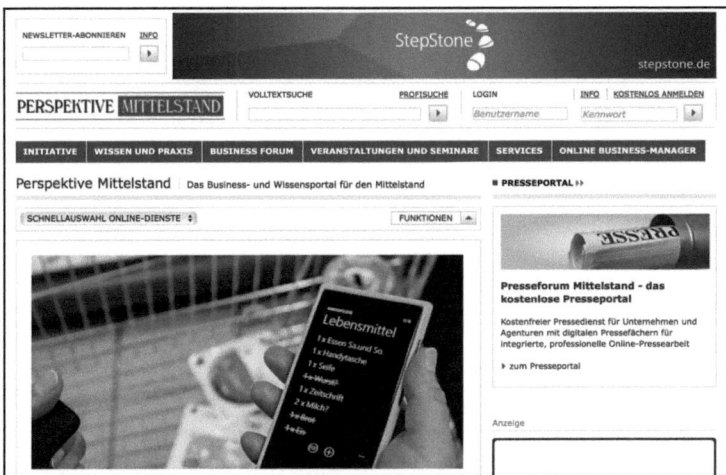

Quelle: Screenshot

Dieses Portal definiert sich schwerpunktmäßig als „Business-
und Wissensportal für den Mittelstand" und bietet Corpo-
rate Showrooms mit angegliederten Pressefächern an. Zwar
nutzen etliche Unternehmen vorwiegend die Möglichkeiten
zur Selbstdarstellung, meiner Meinung nach sind aber gerade
die Pressefächer besonders interessant – und unter SEO-Ge-
sichtspunkten entsprechend wertvoll. Um die eigenen Pressemitteilungen einzustellen, ist eine Registrierung erforderlich.
Zwar weist das in Deutschland beheimatete Portal einen vernünftigen Alexa-Pagerank auf (die Erläuterung dieses Wertes
folgt im weiteren Verlaufe dieses Buches), der Pferdefuß zeigt
sich aber in der extrem langen Prüfungsdauer der eingestell-
ten Meldungen. Die inhaltliche Bewertung kann bis zu einem
Jahr dauern. Nach dieser unter PR-Gesichtspunkten unendli-
chen Zeitspanne haben gerade sehr aktuelle Nachrichten ihre

kommunikationsrelevanten Faktoren eingebüßt, echte „Evergreen-Meldungen" können aber trotzdem noch eine gewisse Wirkung entfalten. Ich persönlich bespiele das Portal immer noch im Rahmen meines Online-PR-Pakets, mache mir aber keine Illusionen mehr bezüglich der kurz- oder mittelfristigen Aufmerksamkeit, zumal nicht einmal bei freigegebenen Mitteilungen die Leser- oder Klickzahlen verfügbar gemacht werden. Auch die mittlerweile fast lebenswichtige SSL-Verschlüsselung scheint sich immer noch in der unendlich langen Prüfungsphase zu befinden ...

Direktlink: http://www.perspektive-mittelstand.de/

News8

Quelle: Screenshot

Bei News8 sorgt die – eher bei englischsprachigen Medien übliche – ausschließliche Verwendung von Versalien in den Artikelüberschriften kurzzeitig für Verwirrung, die sehr intuitive und unkomplizierte Eingabemaske entschädigt dann aber für diesen etwas merkwürdigen ersten Eindruck. Das Portal führt zum Revisionszeitpunkt zwar lediglich 28 Backlinks auf, die stetige und durchweg positive Entwicklung des Sichtbarkeitsindex rechtfertigt aber auf jeden Fall die Berücksichtigung dieses Portals. Eine SSL-Zertifizierung steht wohl auch hier noch aus – die Option, einen sicheren und vergleichsweise seriösen Backlink ohne großen Aufwand zu erhalten, tröstet über dieses leider immer wichtiger werdende Kriterium aber einigermaßen hinweg. Eine Registrierung ist auf jeden Fall erforderlich.

Direktlink: http://www.news8.de/

INAR

Quelle: Screenshot

INAR steht für „Internet-Nachrichtenagentur", das auf Word-Press basierende Online-PR-Portal bietet die direkte Registrierung als Editor und die redaktionell ungeprüfte und unmittelbare Veröffentlichung der eigenen Nachrichten an. Diesem Vorteil von automatisierten WordPress-Portalen steht die Herausforderung gegenüber, sich für die erfolgreiche – und vor allem grafisch ansprechende – Veröffentlichung der Meldung erst einmal etwas eingehender mit dem WordPress-Backend sowie den verfügbaren Formatierungsoptionen beschäftigen zu müssen. Kennt man sich aber damit einigermaßen aus, stellt das bereits komplett SSL-verschlüsselte und mit mehr als 350 Backlinks vergleichsweise gut ausgestattete Portal eine bequeme und sehr zeitnahe Veröffentlichungsoption dar.

Direktlink: https://www.inar.de/

go-with-us

Quelle: Screenshot

„go-with-us – der Presseverteiler für Public Relations und Pressemitteilungen" gehört zur Adenion GmbH, die auch gleichzeitig den bekannten Online-PR-Dienstleister „PR-Gateway" betreibt. PR-Gateway hat ein Komplett-Angebot im Programm, das sozusagen die vollautomatisierte „Rundum-Sorglos"-Variante zur manuellen Verteilung der eigenen Online-PR-Meldung darstellt – natürlich zu einem entsprechenden Preis, den gerade kleine und mittelständische Unternehmen oder Freiberufler nicht unbedingt mal so eben aus der Portokasse zahlen können. Nichtsdestotrotz eine ernstzunehmende Alternative, wenn man zwar die Meldung selbst formulieren, sich mit der Verteilung und Formatierung aber überhaupt nicht befassen möchte. Auf die Vor- und Nachteile dieses Angebots gehe ich in einem der folgenden Kapitel noch genauer ein. Eines der 250 Online-PR-Portale von PR-Gateway, das dem Verteiler angehört, ist eben „go-with-us" – eine praktische Vorgehensweise, die bespielten PR-Portale teilweise selbst zu betreiben. go-with-us.de verfügt über einen vernünftigen Alexa-Rank und ca. 500 Backlinks. Zudem ist das auf WordPress basierende Portal auch komplett SSL-verschlüsselt. Der Vorteil von WordPress als „Fahrgestell" für Online-PR-Portale: Wer sich mit dem sehr beliebten und verbreiteten CMS auskennt, kann die selbst formulierte Meldung vergleichsweise schnell einstellen und im gewissen Rahmen auch nach den eigenen Vorstellungen gestalten. Wer hingegen mit dem Open-Source-CMS nicht wirklich vertraut ist, sollte sich auf andere, „WordPress-freie" Portale konzentrieren.

Direktlink: https://www.go-with-us.de/

prmitteilung.de

Quelle: Screenshot

Auch dieses Portal gehört zu Adenion (was man sofort an dem sehr aufmerksamkeitsstark platzierten Werbebanner erkennt), basiert aber nicht auf WordPress. Die Formularmaske zur Eingabe der Meldung stellt sich sehr intuitiv dar, erlaubt aber außer ein paar HTML-Tags keine weitergehende Gestaltung. Die Seite ist ebenfalls komplett SSL-kodiert, weist aber lediglich ca. 50 Backlinks auf. Angesichts der zügigen und unkomplizierten Dateneingabe lohnt sich die Beschickung aber auf jeden Fall.

Direktlink: https://prmitteilung.de

Artikel-Presse

Quelle: Screenshot

Ein weiteres Adenion-Online-PR-Portal, das auf WordPress basiert, SSL-verschlüsselt ist und eine erfreulich hohe Anzahl an Backlinks (500+) aufweist. Ich persönlich versorge Artikel-Presse.de regelmäßig mit eigenen Meldungen und Nachrichten, die ich für meine Kunden erstellt habe, wer sich aber mit dem Einstellen von Texten in WordPress-Seiten schwer tut, sollte dieses Portal vielleicht aus seiner „Beschickungs-Liste" streichen und über eine Buchung des Adenion-Angebotes nachdenken. Mehr über die Vor- und Nachteile dieses Anbieters erfahren Sie in einem der nachfolgenden Kapitel.

Direktlink: https://www.artikel-presse.de/

Trendkraft

Quelle: Screenshot

Ein vergleichsweise junges, aber bereits gut etabliertes Online-PR-Portal, das sowohl eine kostenlose Basis- als auch eine kostenpflichtige Mitgliedschaft, die sich „M+" nennt, anbietet. In der kostenlosen Mitgliedschaft sind bis zu 14 Veröffentlichungen enthalten, wer mehr Meldungen hochladen und von den weiteren Vorteilen als M+ Mitglied profitieren möchte, zahlt aktuell 99 Euro zzgl. MwSt. pro Jahr. Das Portal ist ebenfalls komplett über den SSL-Standard abgesichert, verfügt laut Alexa-Plug-In über 77 Backlinks und hält nach eigenen Angaben seit dem Start im Jahre 2010 knapp 30.000 Meldungen online. Das Eingabeformular stellt sich unkompliziert dar, die redaktionelle Prüfung ist tatsächlich vergleichsweise streng, erfolgt aber dann auch sehr zeitnah. Als kostenlose Variante auf jeden Fall zu empfehlen, wer sein Gratis-Kontingent aufgebraucht hat, muss individuelle entscheiden, ob sich die Kosten für die M+-Vorteile angesichts des eigenen Redaktionsplans auch tatsächlich rechnen.

Direktlink: https://trendkraft.de/

Eine kleine Vorwarnung

Obgleich ich die kostenlosen Angebote der hier aufgeführten Portale seit Jahren erfolgreich selbst nutze und nach bestem Wissen und Gewissen empfehlen kann, möchte ich aber nicht versäumen, eine kleine Vorwarnung auszusprechen: Einige der Portalbetreiber nutzen die Bestätigungsmail zur erfolgreichen Prüfung und Freischaltung Ihrer Meldung gerne dazu, für ihre kostenpflichtigen Services zu werben. Dies ist natürlich vollkommen legitim. Leider lässt in manchen Fällen die Formulierung dieser E-Mail auch eine Missdeutung zu, gerade wenn die E-Mails nicht nur an Sie, sondern eventuell auch an einen Kunden, in dessen Auftrag Sie die Online-PR-Meldung eingestellt haben, gesendet wird. Lesen Sie daher alle E-Mails genau durch und teilen Sie auch Ihren Kunden im Vorwege mit, dass sie eventuell diese Mitteilungen erhalten werden. Angesichts der vollkommen kostenlosen und zeitlich unbegrenzten Veröffentlichung Ihrer Meldung sicherlich ein Aspekt, den man in Kauf nehmen kann.

Erfolgskontrolle

Nach der erfolgreichen Eingabe und idealerweise sehr zeitnahen Prüfung und Freischaltung Ihrer Meldung durch die hier aufgeführten Online-PR-Portale möchten Sie natürlich auch bald die positiven Effekte in Bezug auf Sichtbarkeit und Zunahme wertiger Backlinks messen und „spüren" können. Abgesehen von den üblicherweise sehr ausgereiften und aussagekräftigen Werkzeugen und „Mess-Tools", die Sie eventuell bereits für Ihre eigene Webseite einsetzen, besteht vielleicht auch Bedarf, das ungefähre Ranking von Seiten einschätzen zu können, die Sie nicht selbst verwalten oder die Ihren Kunden gehören.

Alexa Plug-In

Um die Erfolge grob und doch einigermaßen aussagekräftig dokumentieren zu können, greife ich persönlich auf das Alexa-Plug-In für Chrome zurück – nicht zu verwechseln mit dem virtuellen Assistenten, der einen jede sinnvolle oder sinnlose Frage beantwortet, die man an den Amazon Echo oder Echo Dot stellt. Alexa gehört zwar auch zum Amazon-Konzern, bezieht sich aber auf einen ganz anderen Bereich. Unter alexa.com stehen einige kostenfreie Informationen über den internationalen und nationalen Page-Rank der jeweiligen Webseite zur Verfügung, entscheidet man sich für eines der kostenpflichtigen Angebote, erhält man wesentlich ausführlichere „Insights". Mir reichen die Infos, die ich mit einem Klick auf das Browser-Plug-In erhalte: Internationaler Rang, eventuell nationaler Rang, Anzahl der aktuellen Backlinks und eine positive oder negative Sichtbarkeits-Tendenz. Mehr muss ich nicht wissen, um einschätzen zu können, ob die SEO-Effekte der Veröffentlichung meiner Online-PR-Meldung bereits Früchte tragen. Tatsächlich sollte man nicht von heut' auf morgen signifikante Steigerungen des Page-Ranks (der mit dem bis vor einiger Zeit noch relevanten Google-Page-Rank nichts zu tun hat) oder der Anzahl der wertigen Backlinks erwarten. Wie bei allen Maßnahmen zur Optimierung der Sichtbarkeit eines Online-Angebots muss man auch bei den Online-PR-Meldungen ein wenig Geduld mitbringen.

Lese-Statistik

Wesentlich zeitnaher lassen sich die tatsächlichen Besucher und Nutzer dokumentieren. Leider bieten nicht alle Online-PR-Portale den Einstellern der Meldungen Zugriff auf die Protokollierung der Leserinnen und Leser an, selbst wenn ihnen die entsprechenden Zahlen höchstwahrscheinlich direkt vorliegen. Einige Plattformen erlauben aber eben doch das Auslesen der Besucher – selbst aus diesen Daten kann man schon aussagekräftige Rückschlüsse auf die Beliebtheit und die Wirksamkeit der veröffentlichten Meldungen ziehen. Einer der langfristigen Effekte besteht bei Online-PR ja auch darin, dass die Nachrichten in der Regel kein eingebautes „Verfallsdatum" besitzen, von den Portalen ohne zeitliche Einschränkungen online gehalten werden und selbst noch nach Monaten oder Jahren interessierte Besucher anziehen. Vorausgesetzt natürlich, dass die Meldung keine „Eintagsfliege" ist, sie echtes Informations-"Evergreen"-Potential besitzt und auch stilistisch gut, spannend und lesefreundlich formuliert wurde.

Und wenn sich tatsächlich ein Journalist meldet?

Diese Frage hört sich jetzt vielleicht ein wenig despektierlich an, immerhin wenden wir uns mit unser informativen, handwerklich sauber formulierten und den journalistischen Regeln entsprechenden Meldung eben auch an Redaktionen, Reporter und freie Autoren. Ohne diesen Anspruch müssten wir uns nicht so viel Mühe machen und uns an zahlreiche Formalien halten. Diese Anforderungen sollten wir auf jeden Fall aufrecht erhalten, garantieren sie doch einen textlichen Mindeststandard, der auch den privaten oder gewerblichen Endkunden unserer Produkte oder Dienstleistungen zugute kommt. Allerdings müssen wir uns angesichts dieser Fragestellung noch einmal den primären Zweck der Erstellung und Veröffentlichung einer Online-PR-Meldung wieder ins Gedächtnis rufen: Die Schaltung über frei zugängliche Portale verschafft uns die Freiheit, nicht vom Wohlwollen oder Gutdünken der jeweiligen Redaktionen und Verantwortlichen abhängig zu sein. Wir können selbst entscheiden, was unserer Meinung nach interessant genug ist, um außerhalb des Rahmens der eigenen Webseite dauerhaft ins Netz gestellt zu werden. Wurde diese Aufgabe zufriedenstellend erfüllt, können wir bereits von einer durchaus erfolgreichen Online-PR-Meldung sprechen.

Wird jetzt ein Journalist, ein Online- oder Print-Medium auf uns aufmerksam, gibt's noch die sprichwörtliche Kirsche aufs Sahnehäubchen gratis dazu. Soweit zu den grundsätzlichen Fragen – wenden wir uns jetzt der praktischen Aspekten einer Journalistenanfrage zu: Je nachdem, wie hoch das Interesse und die Reichweite des Mediums ist, sollten wir zeitnah weiteres Hintergrundmaterial zur Verfügung stellen oder einen individuellen Interviewtermin vereinbaren. Da die Ursprungsmeldung ja bereits auf verschiedenen PR-Portalen veröffentlicht wurde, können wir natürlich keine Exklusivrechte mehr garantieren. Im besten Fall interessiert sich die verantwortliche Redaktion für eine Nachrichtenserie, die wir dann selbstverständlich nur mit diesem Medium realisieren. In einigen Fällen kann es aber auch vorkommen, dass sich ein Vertriebler meldet und uns einen kostenpflichtigen „Advertorial"-Beitrag anbieten möchte. Diese mittlerweile auch als „Native Advertising" bekannten Werbetexte im Erscheinungsbild eines redaktionellen Beitrags sichern bei zahlreichen Online- und Offline-Medien das Überleben, da die normalen Anzeigenformate kaum noch Beachtung finden. Ob man auf ein entsprechendes Angebot eingeht, hängt sowohl vom endgültigen Preis als auch vom Renommee und der Sichtbarkeit des jeweiligen Anbieters ab. Vor geraumer Zeit habe ich für einen Kunden ein paar Texte im Redaktionsstil geschrieben, die dann in einem „Special" einer sehr renommierten Hamburger Tageszeitung kostenpflichtig platziert wurden. Üblicherweise müssen solche Beiträge als „Anzeige" oder zumindest als „Advertorial" ausgezeichnet werden, um die Leser nicht in die Irre zu führen. Inwieweit das Ausdünnen des Redaktionspersonals mittlerweile auch bei extrem seriösen und anerkannten Pressemedien zur Zunahme von nicht eindeutig gekennzeichneten Advertorials geführt hat, kann man nur erahnen. Wie Sie persönlich letztendlich mit entsprechenden Angeboten umgehen, bleibt selbstverständlich komplett Ihnen überlassen.

Weiterverwertung der Presse-meldung

Die Erstellung und Veröffentlichung einer vernünftigen On-line-PR-Nachricht bindet natürlich einige Zeit- und Personal-ressourcen, selbst wenn Sie sich persönlich um alles kümmern. Um den ROI (Return on Investment) zu erhöhen, sollten Sie die Pressemeldung daher nicht nur in den aufgeführten On-line-Portalen einstellen und die Leserzugriffe regelmäßig prü-fen, sondern auch im eigenen „Presse"-Bereich Ihrer Webseite vorhalten.

„Presse"-Bereich auf der eigenen Homepage

Hier bietet es sich an, den Text nicht direkt auf die Webseite zu stellen, sondern lediglich den „Lead"-Part (siehe „Aufbau einer Online-Pressemeldung") oder einen eigens formulierten Teaser aufzuführen und die eigentliche Meldung als PDF oder Word-Dokument inklusive hochaufgelöster Bilder zum Down-load anzubieten. So vermeiden Sie auch, dass eine Suchma-schine den Pressetext als Duplicate Content erkennt. In Ihren Presse-Bereich sollten Sie auch zusätzliche Presse-Erwähnun-gen – nach Rücksprache mit der jeweiligen Redaktion – als Link oder sogar als Sonderdruck bzw. PDF-Download integrieren. Diese Unterseite muss natürlich gepflegt werden, ansonsten erzielen Sie eher negative Effekte und können sich die Arbeit lieber sparen. Neben der Möglichkeit, einen Online-Pressebe-reich selbst zu erstellen und zu hosten, gibt es natürlich noch externe Anbieter, die dies für Sie übernehmen können. Mehr Informationen erhalten Sie im Kapitel „Online-Pressemappe".

Erfolgreiche Online-PR

In Sozialen Medien veröffentlichen

Teaser und Link zur Online-Pressemeldung eignen sich auch hervorragend zum Teilen und Liken-lassen über die Sozialen Medien. Je nach Ausrichtung der jeweiligen Seite (eher textlastig oder bildzentriert) ergänzen Sie den Post mit einem aussagekräftigen Bild oder sogar einer Video-Datei. Diese Veröffentlichungskanäle laufen den etablierten Medien über kurz oder lang den Rang ab – erfordern aber Kontinuität und eine gewisse Leidensfähigkeit, da sich die Followerzahlen am Anfang selbst bei hochwertigem Content ziemlich schleppend entwickeln.

Print-Exemplare drucken und verteilen

Wer ein Ladengeschäft unterhält, viel direkten Kundenkontakt hat oder auf Publikums- oder Fach-Messen regelmäßig mit einem eigenen Stand vertreten ist, sollte die veröffentlichten Online-PR-Meldungen auch als gedruckte Handouts zum Mitnehmen anbieten. Erfreulicherweise liefern die zahlreichen Online-Druckereien mittlerweile akzeptable Qualität zu sehr günstigen Preisen ab, insofern lassen sich Kleinstauflagen von 2- oder 4seitigen DIN A4-Flyern auch bei kleinen Marketing-Budgets verwirklichen. Ob man die ausgedruckte Online-PR-Meldung eventuell auch an seine Kunden per Post schickt, hängt vornehmlich vom Informations- und „Sensations"-Charakter Ihrer Nachricht ab. Mein Tipp: Drucken Sie nicht zu viele Exemplare, damit Sie nicht in die Verlegenheit kommen, News-Flyer auszulegen, die schon seit ein paar Jahren nicht mehr interessant oder aktuell sind.

Online-Pressemappe

Wer regelmäßig online und offline Pressemeldungen veröffentlicht und auch immer wieder von Redaktionen oder Medien in Artikeln oder Berichten erwähnt wird, sollte diese Informationen den Besuchern seiner Webseite konsequent zur Verfügung stellen – selbstverständlich nach Abstimmung mit den jeweiligen Autoren. Eine professionell eingerichtete und stets aktuell gehaltene Online-Pressemappe richtet sich aber idealerweise nicht nur an Redaktionen und Pressevertreter, sondern stellt auch für „normale" Menschen einen echten Nutzwert dar. Stilistisch sauber und nach journalistischen Gesichtspunkten formulierte Pressemitteilungen besitzen üblicherweise einen Informationsgehalt, der den Wert von reinen Werbetexten deutlich überschreitet. Zusätzlich bedienen sich Geschäftspartner und Zulieferer nicht selten auch der Informationen, Bilder und Logos, die man im „Presse"-Bereich der eigenen Unternehmenswebseite gut strukturiert und mit entsprechenden Verwendungshinweisen zum Download anbietet. In diesem Zusammenhang möchte ich gleich einen eventuellen Vorbehalt ausräumen: Natürlich besitzen Sie die primären Urheber- oder zumindest Nutzungsrechte an Ihren eigenerstellten oder für Sie angefertigten Bildern, Logos und Texten. Einer eventuellen unrechtmäßigen Nutzung können Sie aber heutzutage nicht mehr zuvorkommen, indem Sie die entsprechenden Dateien überhaupt nicht oder nur nach einer umständlichen Registrierung zur Verfügung stellen. Auch werden Bilder, Logos oder Texte Ihres Unternehmens in den allermeisten Fällen dafür benötigt, um Ihre Produkte oder Dienstleistungen vollkommen rechtmäßig über Shops oder Portale weiterzuverkaufen. Insofern können Sie durch eine gute Qualität der frei verfügbaren Bild- und

Textdateien dafür sorgen, dass Zwischenhändler – und dann natürlich auch Sie – mehr Umsatz erzielen. Und die „bösen" Buben kommen an Ihre Logos und Bilder auch dann noch problemlos ran, wenn Sie keinen öffentlichen Download-Bereich unterhalten.

Aufbau

Wenn Sie sich gut mit der Gestaltung und Programmierung von Internetseiten auskennen oder mit einem vergleichsweise unkomplizierten Content Management System (CMS) wie Word-Press arbeiten, können Sie relativ schnell auf Ihrer Web-Präsenz eine Online-Pressemappe selbst anlegen und befüllen. Wichtig sind folgende Punkte:

Ein chronologische Auflistung Ihrer Pressemeldungen, die neusten kommen immer noch oben. Der einzelne Listeneintrag sollte die Headline und den Lead-Teil bzw. einen eigens erstellten Teasertext beinhalten. Weiterhin bietet sich ein oder mehrere Thumbnails des dazugehörigen Bildmaterials als Verlinkung zu den druckreifen JPEG-Dateien im CMYK-Modus an sowie direkt die entsprechende Bildunterschrift inklusive des Urheberhinweises. Und natürlich ein PDF der jeweiligen Pressemeldung zum unkomplizierten Download. Einige Unternehmen stellen auch noch ein Dokument im Word-Format zur Verfügung, dies halte ich aber nicht für absolut notwendig.

Über der Auflistung der Unternehmensnachrichten sollten sich ein allgemeiner Info- oder Hintergrund-Text zum Unternehmen befinden – und eventuell auch noch ein Organigramm, wenn es sich um eine Unternehmensgruppe handelt. Der Intro-Teil wird ergänzt durch Bilder der Geschäftsführung als Einzelportäts und vielleicht zusammen als Gruppenbild sowie den Logos als JPEGs und sauber vektorisierte EPSe. Optional passt auch noch ein Text zur Historie dazu. Absolut unverzichtbar: die direkten Kontaktdaten der oder des Presseverantwortlichen.

Exklusiv-Angebot

Da ich seit mehreren Jahren Pressemeldungen für Kunden erstelle und verbreite, habe ich mich beizeiten entschlossen, die Erstellung und das Hosting der jeweiligen Online-Pressemappe auch gleich mitanzubieten. Nach einem umfassenden Relaunch der Webseite stelle ich ab sofort und ausschließlich meinen Leserinnen und Lesern diese Möglichkeit zur Verfügung. Senden Sie mir einfach eine E-Mail mit dem Betreff „Leserangebot", dann weiß ich, dass Sie mein Buch gelesen haben und Sie erhalten als Dankeschön einen Preisnachlaß von 20 Prozent auf alle Angebote. Meine Portal für Ihre Online-Pressemappe finden Sie unter:

http://www.online-pressemappe.de/

Alternativen

Natürlich können Sie auch noch parallel eine klassische analoge Pressemappe vorhalten. Sich aber ausschließlich auf die Weitergabe von gedruckten Informationen zu konzentrieren, würde ich heutzutage einfach nicht mehr empfehlen. Die allermeisten Informationsflüsse finden mittlerweile komplett digital statt, das postalische Verschicken von dicken Pressemappen mutet nur noch anachronistisch an und führt nicht nur bei „Digital Natives" zu völligem Unverständnis. Und selbst auf die ressourcenintensive, teure Bestückung und manuelle Verteilung von USB-Sticks wird inzwischen – zum Glück – wieder verzichtet. Konzentrieren Sie sich also lieber auf die digitalen Kanäle. Ihre Zielgruppe und die „bespielten" Redaktionen werden es Ihnen mit Sicherheit danken.

Hält Ihre Webseite, was Ihre Meldung verspricht?

Kurz vorm Ende dieses Buches möchte ich Sie noch dazu ermuntern, Ihre Webseite einer kritischen Betrachtung zu unterziehen, bevor Sie sich entschließen, Ihre erste Online-PR-Meldung zu erstellen und zu veröffentlichen. Sollten Sie bisher ganz gut mit den Anfragen und Kontaktaufnahmen zurechtgekommen sein oder konnten Sie Fehler oder Defizite Ihrer aktuellen Internet-Präsenz immer einigermaßen charmant überspielen, müssen Sie demnächst damit rechnen, mehr in den kritischen Fokus der Web-Öffentlichkeit zu geraten. Unter diesem Zugzwang steht schließlich jeder, der seine Kunden, Partner oder Klienten nicht nur über direkte Mund-zu-Mund-Propaganda, sondern durch eine aktive und sichtbare Positionierung gewinnen möchte. Auch ich musste mich, kurz nachdem ich diesen Absatz geschrieben habe, wohl oder übel mit dem Aktualisieren und „Aufhübschen" meiner entsprechenden Webseiten befassen – war es jetzt doch absehbar, dass ich demnächst „Live" gehen würde. Unterlassen Sie diese notwendige Überprüfung und das daraus resultierende Update Ihrer Web-Präsenz, kann sich eine breit platzierte Online-PR-Meldung sogar ausgesprochen negativ auf Ihren Unternehmenserfolg und Ihre Umsatzentwicklung auswirken. Sehen Sie Online-PR also eher als ein hilfreiches und effektives Teilelement einer übergreifenden und langfristig angelegten Kommunikationsstrategie.

Ergänzend zu den Aspekten, die ich bereits im Kapitel „Ziele einer Online-Pressemeldung" aufgeführt habe, möchte ich an dieser Stelle noch ergänzen, dass – wie bei allen webbasierten Maßnahmen – auch bei der Veröffentlichung von Online-Pressemitteilungen Geduld und Durchhaltevermögen gefragt ist. Erwarten Sie nicht, mit einer einzelnen Meldung innerhalb einer Woche sofort die Besucher- oder Kundenzahlen Ihrer Webseite oder Ihres Online-Shops verdoppeln zu können. Zwar steigt die Anzahl der Backlinks relativ schnell an, eine signifikante und dauerhafte Erhöhung Ihrer allgemeinen Web-Sichtbarkeit stellt sich aber erst mit der Zeit ein. Erstellen Sie daher nicht nur eine Meldung, sondern gehen Sie strategisch vor: Ein auf 12 oder 24 Monate ausgelegter Redaktionsplan mit einer zwei- oder vierwöchentlichen Veröffentlichungs-Frequenz ergänzt unter Berücksichtigung saisonaler Trends hervorragend Ihre Kommunikations- oder Marketingstrategie, sollte aber auch flexibel genug sein, auf aktuelle Ereignisse und Entwicklungen reagieren zu können.

Fazit

Online-PR wird zwar von einigen „Old School"-Journalisten und gestandenen PR-Beratern immer noch belächelt und nicht für voll genommen – der Wirksamkeit und Nachhaltigkeit dieses Kommunikationskanals tut dies jedoch keinen Abbruch. Ganz im Gegenteil – dass sich sowohl die klassischen Medien als auch die SEOs noch nicht wirklich ernsthaft mit dem Thema Online-PR auseinandergesetzt haben, kommt Ihnen konkret noch sehr zugute. Der Wettbewerbsdruck in dieser kommunikativen Nische ist immer noch nicht besonders hoch. Nutzen Sie das Wissen, das Sie durch das Studium dieses Buches erworben haben, um Ihr Unternehmen oder Ihre Kunden abseits der überfüllten Nachrichten-Autobahnen auf noch vergleichsweise unbekannten Schleichwegen in den Fokus Ihrer Kunden zu bringen. Ich wünsche Ihnen dabei viel Glück und Erfolg!

Jörg Hüttmann

Anhang 1: Links

Eine schnelle Übersicht der im Buch angeführten Links, ergänzt um weitere hilfreiche Anlaufpunkte im Web.

Das PR-Gateway-Projekt von Adenion:
https://www.pr-gateway.de/

Eine günstige und gut sortierte Online-Bilddatenbank mit speziellen Fotos zur redaktionellen Verwendung:
https://de.123rf.com/

Eine kostenlose Bilddatenbank mit sehr „stylischen" Fotos:
https://unsplash.com/

Eine kostenlose, aber nicht so gut sortierte Bilddatenbank:
https://pixabay.com/

Kostenloses WDF*IDF-Tool:
http://www.wdfidf-tool.com/

Bestell- und Downloadseite für das TextExpander-Tool:
https://textexpander.com/

Alexa – das Amazon-Analyse-Tool:
https://www.alexa.com/

Infoseite zu diesem Buch inkl. Bestell-Link:
http://erfolgreiche-online-pr.de/

Alle aufgeführten Online-PR-Portale:

https://www.firmenpresse.de/

https://www.portalderwirtschaft.de/

https://www.openpr.de/

http://www.live-pr.com/

https://www.fair-news.de/

http://www.nachrichten-rss.de/

http://www.perspektive-mittelstand.de/

http://www.news8.de/

https://www.inar.de/

https://www.go-with-us.de/

https://prmitteilung.de

https://www.artikel-presse.de/

https://trendkraft.de/

Anhang 2: Checklisten

Damit Sie bei der Formulierung und Verbreitung Ihrer Online-PR-Meldungen zügig und problemlos vorankommen können, habe ich in diesem Buch Links zu einigen hilfreichen Checklisten integriert, die aus meiner mehrjährigen Erfahrung entstanden sind. Sie müssen ja nicht in alle Fettnäpfchen und Stolperfallen treten, die sich bereits mir in den Weg gestellt haben. Als Leserin oder Leser meines Buches haben Sie exklusiven Zugriff auf diese Checklisten, die ich ansonsten nirgendwo veröffentliche:

Checkliste 1 – Aufbau einer Online-Pressemeldung
> http://erfolgreiche-online-pr.de/checkliste01

Checkliste 2 – Formulierungstipps
> http://erfolgreiche-online-pr.de/checkliste02

Checkliste 3 – Themenfindung und Redaktionsplan
> http://erfolgreiche-online-pr.de/checkliste03

Die Checklisten können Sie natürlich direkt im Buch ausfüllen, abkopieren oder fotografieren – bzw. alternativ einfach unter der angegebenen URL herunterladen oder bei mir als PDF anfordern: texter@dein-texter.de

Erfolgreiche Online-PR
Wie Sie Pressemeldungen für das Web zielgruppengenau schreiben und erfolgreich verbreiten

Checkliste 1
Aufbau einer Online-Pressemeldung

Headline/Überschrift
Nicht mehr als 100 Zeichen inkl. Leerzeichen, besser nur 60 Zeichen. Die Headline sollte den Namen des Unternehmens bzw. der Hauptperson enthalten, der Inhalt orientiert sich an den sogenannten W-Fragen:
* *Was ist passiert?*
* *Wem ist es passiert/Wer ist beteiligt?*
* *Wo passierte es?*
* *Wann passierte es?*
* *Wie ist es passiert?*
* *Warum ist es passiert?*
* *Zusätzlich: Welche Quellen gibt es?*

Einleitung/Überblick/Lead
Ungefähr 40 bis 45 Wörter, ca. 300 Zeichen inkl. Leerzeichen. Der Lead sollte möglichst kurz und knapp formuliert werden, aber auch zum Weiterlesen animieren.

Hauptteil/Meldung
Ungefähr 300 bis 400 Wörter, wieder an den W-Fragen orientieren, gerne (freigegebene) Zitate einbauen.

Kontakt/Pressekontakt/Ansprechpartner
Allgemeine E-Mail-Adressen (info@xxxxx.de) oder zentrale Rufnummern (XXX-0) reichen in der Regel nicht aus, daher folgende Angaben einbauen:
* *Name der Firma/Organisation*
* *Name und Position des Verantwortlichen im Sinne des Presserechts (V.i.S.d.P.)*
* *Adresse mit Straße, Hausnummer, PLZ und Stadt (keine Postfachadresse)*
* *Telefonnummer mit Durchwahl*
* *Faxnummer*
* *Direkte E-Mail-Adresse des Verantwortlichen (kann auch presse@xxxx.de lauten, wenn die Nachrichten an die verantwortliche Person weitergeleitet werden)*
* *Web-Adresse*

Unternehmens-Abbinder/Boilerplate
Kurzvorstellung des Unternehmens/des Autors, ca. 60 Wörter bzw. 500 Zeichen (inkl. Leerzeichen).

Copyright 2018 Jörg Hüttmann – www.erfolgreiche-online-pr.de/

Erfolgreiche Online-PR
Wie Sie Pressemeldungen für das Web zielgruppengenau schreiben und erfolgreich verbreiten

Checkliste 2
Formulierungstipps

Schreibstil

Ein angemessener Schreibstil, der den journalistischen Gepflogenheiten entspricht, entscheidet darüber, ob Ihre Meldung veröffentlicht wird oder nicht! Nachfolgend finden Sie zusammengefasst die wichtigsten Tipps aus dem Buch:

• *NIEMALS in der Ich- oder Wir-Form schreiben!*
• *Keine Übertreibungen, keine unbewiesenen Superlative!*
• *Keine Spekulationen!*
• *Idealerweise keine Ausrufezeichen!*
• *Keine Vergleiche mit Mitbewerbern!*
• *Keine Handlungsaufforderungen!*

Zitate

Zitate immer in An- und Abführungszeichen (bei deutschen Texten immer „ und ") schreiben. NIEMALS Zitate veröffentlichen, die nicht freigegeben wurden!

Neutral und höflich

Wahren Sie bezüglich Weltanschauung, Parteizugehörigkeit, Religion und sexueller Orientierung aller beteiligten Personen IMMER absolute Neutralität! Bleiben Sie höflich!

Korrektorat und Lektorat

Vier Augen sehen stets mehr als zwei. Lassen Sie Ihre Meldung IMMER von einer zweiten Person lektorieren und ggf. korrigieren. Diese sollte Ihnen wohlgesonnen sein, sich aber auch nicht scheuen, Sie deutlich auf Fehler und Versäumnisse hinzuweisen.

Copyright 2018 Jörg Hüttmann – www.erfolgreiche-online-pr.de/

Erfolgreiche Online-PR
Wie Sie Pressemeldungen für das Web zielgruppengenau schreiben und erfolgreich verbreiten

Checkliste 3
Themenfindung und Redaktionsplan

Themenfindung

Ein passendes und für die gewünschte Zielgruppe interessantes Thema zu finden und umzusetzen entscheidet über Erfolg oder Misserfolg Ihrer Online-PR-Meldung. Bei der Themenfindung helfen neben Kreativität und Struktur auch die Erkenntnis, dass manche Sachverhalte, die einem selbst viel zu banal und selbstverständlich erscheinen, für bestehende und potentielle Kunden wichtige und hilfreiche Informationen darstellen.

Merksatz 1: Das eigene Licht nicht unter den Scheffel stellen und von den Bedürfnissen der Kunden inspirieren lassen! ☐

Keyword-orientierter Redaktionsplan

Erstellen Sie Ihren Jahres-Redaktionsplan auf Basis der Keywords, die Sie auch für Ihre Webseite recherchiert haben – Tipp: „Google Suggest" (Vollautomatische Ergänzung Ihrer eingetippten Suchwörter) nutzen! ☐

Zielgruppen-orientierter Redaktionsplan

Befragen Sie Ihre Kunden, Lieferanten, Geschäfts- und Netzwerkpartner regelmäßig bezüglich ihrer aktuellen Wünsche und Herausforderungen. Integrieren Sie in Ihre Produkte und Dienstleistungen (DSGVO-konforme) Feedback-Elemente. ☐

Veranstaltungs-orientierter Redaktionsplan

Welche Messen stehen in Ihrer Branche an, welche saisonalen Nachfragen treiben Ihr Geschäft? Welche Events besuchen Ihre Mitbewerber, bei welchen Veranstaltungen treffen Sie potentielle Kooperationspartner, die eine nahezu deckungsgleiche Zielgruppe ansprechen, Ihnen aber keine Konkurrenz machen? Wenn anstehende Jubiläen, Messen, Produkteinführungen, etc. nicht ausreichen, um Ihren Redaktionsplan zu speisen, können Sie sich natürlich auch immer noch zusätzliche (gerne auch antizyklische) Anlässe ausdenken – Ihrer Kreativität sind keine Grenzen gesetzt! ☐

Copyright 2018 Jörg Hüttmann – www.erfolgreiche-online-pr.de/